农村创新创业

◎ 宋文熙 姜 华 喻 惟 主编

中国农业科学技术出版社

图书在版编目(CIP)数据

农村创新创业／宋文熙，姜华，喻惟主编．--北京：中国农业科学技术出版社，2023.8
ISBN 978-7-5116-6388-7

Ⅰ.①农… Ⅱ.①宋…②姜…③喻… Ⅲ.①农村-创业-中国 Ⅳ.①F249.214

中国国家版本馆 CIP 数据核字(2023)第 146956 号

责任编辑　张志花
责任校对　王　彦
责任印制　姜义伟　王思文

出 版 者	中国农业科学技术出版社 北京市中关村南大街 12 号　邮编：100081
电　　话	(010)82106636(编辑室)　(010)82109702(发行部) (010)82109709(读者服务部)
网　　址	https://castp.caas.cn
经 销 者	各地新华书店
印 刷 者	中煤(北京)印务有限公司
开　　本	140 mm×203 mm　1/32
印　　张	5.375
字　　数	135 千字
版　　次	2023 年 8 月第 1 版　2023 年 8 月第 1 次印刷
定　　价	35.00 元

版权所有·翻印必究

《农村创新创业》编委会

主　　编：宋文熙　姜　华　喻　惟

副主编：巴特尔　王　琦　杨文革　赵永丰
　　　　徐云兰　潘　莹　赵　旭　徐华学
　　　　陈国军　罗爱锋　陈　平　李　冉
　　　　柏继芹　彭　媛　赵文煜　颜金达

前　　言

  创新创业是乡村产业振兴的重要动能。近年来，各地以乡情感召、政策吸引、事业凝聚，引导有资金积累、技术专长、市场信息和经营头脑的人才在农村创新创业，农村创新创业环境不断改善，新产业新业态大量涌现，乡村产业发展取得了积极成效，促进了农民就业增收和乡村繁荣发展。

  本书结合新时代乡村振兴的特点，遵循农民群体的实际需求，本着提高农民朋友的创新意识和创业能力的目的，系统介绍了农村创新创业所需的基础性、实用性和关键性知识。本书共9章，包括农村创新创业概述、创业者的素质与能力、农村创新创业的政策环境、农村创业项目和模式、把握创业机会、准备创业资金、组建创业团队、实施创业计划、农村创新创业典型案例。

  本书可作为农民创业培训教材，也可作为从事农业创业培训管理人员的学习参考用书。

  由于水平有限，书中难免存在错误之处，欢迎广大读者批评指正！

编者

2023年7月

目　　录

第一章　农村创新创业概述 ………………………………… 1
　第一节　创新和创业的内涵 ………………………………… 1
　第二节　农村创新创业的意义 …………………………… 10
　第三节　我国农村创新创业现状 ………………………… 12
第二章　创业者的素质与能力 …………………………… 14
　第一节　创业精神 ………………………………………… 14
　第二节　创新思维 ………………………………………… 17
　第三节　创业能力 ………………………………………… 23
第三章　农村创新创业的政策环境 ……………………… 26
　第一节　主要政策文件 …………………………………… 26
　第二节　吸引人才回乡政策 ……………………………… 36
第四章　农村创业项目和模式 …………………………… 39
　第一节　农村创业项目 …………………………………… 39
　第二节　选择创业项目 …………………………………… 46
　第三节　农村创业模式 …………………………………… 53
第五章　把握创业机会 …………………………………… 60
　第一节　创业机会概述 …………………………………… 60
　第二节　创业机会的识别与选择 ………………………… 64
　第三节　创业机会的评估与把握 ………………………… 67
第六章　准备创业资金 …………………………………… 72
　第一节　创业资金的估算 ………………………………… 72

第二节　创业资金的筹措 …………………………………… 73
　　第三节　创业资金的管理 …………………………………… 89
　　第四节　核算项目的投入收益 ……………………………… 91
第七章　组建创业团队 …………………………………………… 98
　　第一节　创业团队概述 ……………………………………… 98
　　第二节　了解创业团队 ……………………………………… 102
　　第三节　组建创业团队 ……………………………………… 107
　　第四节　管理创业团队 ……………………………………… 111
第八章　实施创业计划 …………………………………………… 115
　　第一节　编制创业计划书 …………………………………… 115
　　第二节　分析创业计划的可行性 …………………………… 117
　　第三节　设立创业企业 ……………………………………… 122
　　第四节　管控创业的进程 …………………………………… 135
第九章　农村创新创业典型案例 ………………………………… 144
　　案例一：返乡创业，种菜致富 ……………………………… 144
　　案例二：林下养鸡，养出好"钱景" ………………………… 145
　　案例三：创办针织厂，为家乡产业发展鼓与呼 …………… 147
　　案例四：银饰锻造工艺，帮助村民创业增收 ……………… 149
　　案例五：与孔雀"共舞"，带动村民脱贫致富 ……………… 150
　　案例六：返乡创业天地宽，鸡鸭群里"拔穷根" …………… 152
　　案例七："电商"快车，让特色农产品走向全国 …………… 153
　　案例八：发挥六鳌特产的魅力，打造旅游品牌 …………… 155
　　案例九：借力新媒体助农销售土特产 ……………………… 157
　　案例十：怀抱理想，返乡创业争做"新农人" ……………… 159
参考文献 …………………………………………………………… 162

第一章 农村创新创业概述

第一节 创新和创业的内涵

一、创新的内涵

(一)创新的含义

创新是指以现有的思维模式提出有别于常规或常人思路的见解为导向,利用现有的知识和物质,在特定的环境中,本着理想化需要或为满足社会需求,而改进或创造新的事物、方法、元素、路径、环境,并能获得一定有益效果的行为。

创新是以新思维、新发明和新描述为特征的一种概念化过程。其起源于拉丁语,有3层含义:第一,更新;第二,创造新的东西;第三,改变。换句话讲,并不是说只有重大的发明创造才是创新,实际上,对各种产品、工作方法、商业模式、服务模式的改进等都属于创新。

具体来讲,创新主要包括如下几种含义。

(1)创新的目的是解决实践问题,是一项活动。

(2)创新的本质是突破传统、打破常规。

(3)创新是一个相对的概念,其价值与时间、空间有关。同样的事物在今天看来是创新,明天可能是追随,后天大多数人都接受了,可能就是传统了。创新必须在一定范围内具有领先性，有的是世界领先，有的是地区领先。

（4）创新可以在解决技术问题、经济问题和社会问题的广泛范围内发挥作用，它是每个人都可以参与的。

（5）创新以取得的成效为评价尺度，有成效才能被认为是创新。

总之，创新是人类特有的认识能力和实践能力，是人类主观能动性的高级表现，是推动民族进步和社会发展的不竭动力。

(二)创新的类型

创新虽有大小、层次之分，但无领域、范围之限。虽然创新的种类是无穷尽的，但是若按大的属性划分，可以粗略地分为知识创新、技术创新、管理创新和方法创新四大类。

1. 知识创新

知识创新就是对现有知识的构成要素进行新的组合或分解，是在现有知识基础上的进步或发展，是在现有知识基础上的发明或创造。知识是人们在探索、利用或改造世界的实践中所获得的认识和经验的总和。人们一般将知识分为自然科学知识和社会科学知识两类。因此，知识创新也可以进一步划分为自然科学知识创新和社会科学知识创新。

（1）自然科学知识创新。自然科学是研究自然界的各种物质或现象的科学。自然科学主要包括物理学、化学、动物学、植物学、矿物学、生理学、数学等。自然科学知识是人们在探索或改造自然界的各种物质或现象的实践中获得的认识和经验的总和。换言之，自然科学知识是人们在探索或改造自然的实践中获得的对物理学、化学、动物学、植物学、矿物学、生理学、数学等方面的各种物质或现象的认识和经验的总和。

自然科学知识创新就是对现有自然科学知识构成要素进行新的组合或分解，是在现有自然科学知识基础上的进步或发展，是在现有自然科学知识基础上的发明或创造。

（2）社会科学知识创新。社会科学是研究各种社会现象的科学。社会科学主要包括哲学、法律学、管理学、历史学、文艺学、美学、伦理学等。社会科学知识是人们在探索或改造社会的各种现象的实践中获得的认识和经验的总和，是人们在探索或改造社会的各种现象的实践中获得的对哲学、法律学、管理学、历史学、文艺学、美学、伦理学等方面的各种现象的认识和经验的总和。

社会科学知识创新就是对现有社会科学知识构成要素进行新的组合或分解，是在现有社会科学知识基础上的进步或发展，是在现有社会科学知识基础上的发明或创造。

2. 技术创新

技术创新就是对现有技术构成要素进行新的组合或分解，是在现有技术基础上的进步或发展，是在现有技术基础上的发明或创造。"技术"一词一般有两层含义：第一层含义是指人们在探索、利用和改造自然界与社会的各种物质或现象的过程中积累并在生产劳动或社会实践中体现的经验和知识；第二层含义是泛指各种操作技巧。技术一般可以分为自然科学技术和社会科学技术两大类，技术创新也可以进一步分为自然科学技术创新和社会科学技术创新。

（1）自然科学技术创新。自然科学技术是人们在探索、利用和改造自然界的各种物质或现象的过程中积累并在生产劳动中体现的经验、知识和操作技巧。具体地说，自然科学技术就是人们在探索、利用和改造自然界的各种物质或现象的过程中积累并在生产劳动中体现的物理学、化学、动物学、植物学、矿物学、生理学、数学等学科领域的经验、知识和各种操作技巧。

自然科学技术创新就是对现有自然科学技术构成要素进行新

的组合或分解,是在现有自然科学技术基础上的进步或发展,是在现有自然科学技术基础上的发明或创造。自然科学技术创新包括物理学、化学、动物学、植物学、矿物学、生理学、数学等学科领域的技术创新。

(2)社会科学技术创新。社会科学技术是人们在探索、利用和改造社会的各种现象的过程中积累并在社会实践中体现的经验、知识和操作技巧。也就是说,社会科学技术就是人们在探索、利用和改造社会的各种现象的过程中积累并在社会实践中体现的哲学、法律学、管理学、历史学、文艺学、美学、伦理学等学科领域的经验、知识和各种操作技巧。

社会科学技术创新就是对现有社会科学技术构成要素进行新的组合或分解,是在现有社会科学技术基础上的进步或发展,是在现有社会科学技术基础上的发明或创造。社会科学技术创新包括哲学、法律学、管理学、历史学、文艺学、美学、伦理学等学科领域的技术创新。

知识创新与技术创新作为人类创新活动的主要方面,互相之间存在复杂的交互作用。知识创新是技术创新的基础,技术创新是知识创新的应用与发展。

3. 管理创新

管理创新就是对现有管理构成要素进行新的组合或分解,是在现有管理基础上的进步或发展,是在现有管理基础上的发明或创造。"管理"一词一般有3个方面的含义:①负责某项工作,使其顺利进行;②保管和料理;③照管并约束。但是从本质上看,管理的主要构成要素是管理知识、管理方法。管理创新也可以进一步分为行政管理创新、企业管理创新、事业管理创新、团体管理创新和个人管理创新。

(1)行政管理创新。行政管理一般有两层含义:①行使国家权力的管理；②机关、企业、团体等内部的管理，但其管理的原理、规律和方法是相同或相似的。因此，这里探讨的行政管理既包括行使国家权力的管理，又包括机关、企业、团体等内部的管理。

行政管理创新是对现有行政管理构成要素进行新的组合或分解，是在现有行政管理基础上的进步或发展，是在现有行政管理基础上的发明或创造。行政管理创新既包括行使国家权力的管理创新，又包括机关、企业、团体等内部的管理创新。行政管理创新是行政管理知识创新、行政管理制度创新、行政管理技术创新和行政管理方法创新的总称。

（2）企业管理创新。企业管理是指从事生产、运输、贸易等经济活动部门（如工厂、矿山、铁路、贸易公司等）的管理。企业管理的共性是企业按照经济核算的原则，独立计算盈亏。

企业管理创新是对现有企业管理构成要素进行新的组合或分解，是在现有企业管理基础上的进步或发展，是在现有企业管理基础上的发明或创造。企业管理创新是企业管理知识创新、企业管理制度创新、企业管理技术创新和企业管理方法创新的总称。

（3）事业管理创新。事业管理是指没有生产收入、由国家经费开支的部门（如学校、科研机构等）的管理。事业管理的共性是事业单位不进行经济核算。

事业管理创新是对现有事业管理构成要素进行新的组合或分解，是在现有事业管理基础上的进步或发展，是在现有事业管理基础上的发明或创造。事业管理创新是事业管理知识创新、事业管理制度创新、事业管理技术创新和事业管理方法创新的总称。

（4）团体管理创新。团体管理是指对由有共同的目的、志趣的人所组成的集体的管理。团体管理一般都具有行政管理、企业管理和事业管理的综合特征。

团体管理创新是对现有团体管理构成要素进行新的组合或分解，是在现有团体管理基础上的进步或发展，是在现有团体管理基础上的发明或创造。团体管理创新是团体管理知识创新、团体管理制度创新、团体管理技术创新和团体管理方法创新的总称。

(5) 个人管理创新。个人管理主要是指对个人的管理，如家庭中的管理。个人管理具有灵活性和多样性特征。个人管理创新就是对现有个人管理构成要素进行新的组合或分解，是在现有个人管理基础上的进步或发展，是在现有个人管理基础上的发明或创造。

4. 方法创新

方法是指人们在探索、利用或改造世界的实践中积累的观察问题、分析问题或解决问题的途径、程序或诀窍等。虽然人类已有的方法和未来的方法的种类是无穷无尽的，但是它们的本质却是相同或相似的。

方法创新就是对现有方法构成要素进行新的组合或分解，是在现有方法基础上的进步或发展，是在现有方法基础上的发明或创造。方法创新就是人们观察问题、分析问题或解决问题的途径、程序或诀窍的创新的总称。方法创新是永无止境的，方法创新的种类也是无穷无尽的。

二、创业的内涵

(一) 创业的含义

创业是指承担风险的创业者通过寻找和把握创业机会，投入已有的技能知识，配置相关资源，创建新企业，为消费者提供产品和服务、为个人和社会创造价值和财富的过程。这个概念包括以下几层含义。

(1) 创业是一个创造的过程，即创业者要付出努力和代价。

第一章 农村创新创业概述

（2）创业的本质在于对机会的商业价值的发掘与利用，即要创造或认识到事物的一个商业用途。

（3）创业的潜在价值需要通过市场来体现，即市场是实现财富的渠道。

（4）创业以追求回报为目的，包括个人价值的满足与实现、知识与财富的积累等。

（二）创业的类型

1. 创业者的类型

（1）生存型创业者。生存型创业是创业者为了生存，没有其他选择而无奈进行的创业，显示出创业者的被动性。这种类型的创业者多数为没有固定工作的工人、农民以及刚毕业找不到合适工作的大学生。在我国所有创业活动中，生存型创业所占比重在90%左右。

（2）变现型创业者。变现型创业者一般是手中掌握和聚拢了大量资源的人。创业范围实际是将过去的权力和市场关系变现，将无形资源变现为有形的货币。这其实是一种公然破坏市场经济环境、人为制造市场不公平竞争的行为。

（3）主动型创业者。主动型创业者包括两种类型：一种是盲动型创业者；另一种是冷静型创业者。盲动型创业者大多极为自信，做事冲动。冷静型创业者是创业者中的精华，其特点是谋定而后动，不打无准备之仗，或是掌握资源，或是拥有技术，一旦行动，成功概率通常很高。

2. 创业起步方式的类型

不同类型的创业者由于不同的动机而走上创业的道路，个人背景、生活经历等方面的差异会让他们选择不同的创业类型，也就是不同的起步方式。调查发现，创业类型主要包括以下几种。

（1）离职创立新公司，新公司与创业者原来任职公司属于不同行业,但也面临激烈的市场竞争。

(2) 新公司由原行业精英组成,集合众家之长,发挥竞争优势。

(3) 创业者运用原有的专业技术与顾客关系创立新公司,能够提供比原公司更好的服务。

(4) 接手一家营运中的小公司,快速实现个人创业梦想。

(5) 创业者拥有专业技术,能预先察觉未来市场变迁与顾客需求的新趋势,把握机会,创立新公司。

(6) 针对特定的市场需求,自己创办公司,使之具有服务特殊市场的专业能力与竞争优势。

(7) 创业者为创办新企业,在一个刚萌芽的新市场中从事创新,企图获得领先创新的竞争优势,但相对地,不确定性风险也比较高。

(8) 离职创立新公司,产品或服务和原有公司相似,但是在流程与营销上有所创新,能提供让顾客更满意的产品与服务。

3. 创业模式的类型

就过程来看,根据创业者对市场的不同认识,人们多会采用以下4种创业模式。

(1) 复制型创业。复制原有公司的经营模式,创新的成分很低。新创公司中属于复制型创业的比例虽然很高,但由于这类创业的创新贡献率太低,缺乏创业精神的内涵,因此不是创业管理主要研究的对象,很少会被列入创业管理课程中学习。

(2) 模仿型创业。这种形式的创业无法带来新价值的创造,创新的成分也很低,但与复制型创业的不同之处在于,创业过程对于创业者而言还具有很大的冒险成分。这种形式的创业具有较高不确定性,学习过程长,犯错机会多,代价也较高昂。这种创业者如果具有适合的创业人格特性,经过系统的创业管理培训,掌握正确的市场进入时机，还是有很大机会获得成功的。

（3）安定型创业。这种形式的创业虽然为市场创造了新的价值，但对创业者而言，本身并没有面临太大的改变，从事的也是比较熟悉的工作。这种创业类型强调的是创业精神的实现，也就是创新的活动，而不是新组织的创造，企业内部创业即属于这一类型。

（4）冒险型创业。这种形式的创业，除了对创业者本身带来极大改变，个人前途的不确定性也很高；对新企业的产品创新活动而言，也将面临很高的失败风险。冒险型创业是一种难度很高的创业类型，有较高的失败率，但成功后所得的报酬也很惊人。这种形式的创业如果想要获得成功，必须在创业者能力、创业时机、创业精神发挥、创业策略研究拟订、经营模式设计、创业过程管理等各方面，都有很好的搭配。

想创业，首先必须深入地了解创业，了解创业的类型，为自己选择一条合适的创业路。

三、创新与创业的联系

（一）创新和创业的关系

随着全球经济一体化进程的加快、知识经济时代的到来，创新和创业成为时代的主旋律，也成为实现经济发展的重要途径。大量的研究证明，创新与创业是密不可分的实践活动，能否准确把握和处理好创新与创业的关系、架起创新和创业之间的桥梁，将直接关系到创业的成败。

创新和创业是相辅相成、无法割裂的。创新是创业的手段和基础，而创业是创新的载体。创新是对人的发展总体的把握，创业注重的是对人的价值具体的体现。仅仅具备创新精神是不够的，它只是为创业成功提供了可能性和必要的准备，如果脱离创业实践，缺乏一定的创业能力，创新精神也就成了无源之水、无本之木。创新精神所具有的意义，作用于创业实践活动，才有可能最终实现创业的成功。因此，创业与创新要有机融入，相辅相成。

（二）创新与创业的融合

（1）创业在本质上是一种创新性实践活动。无论是何种性质、类型的创业活动，都有一个共同的特征，即创业是主体的一种能动的、开创性的实践活动。

（2）创业是一个从无到有的实践。创业的核心在于超越既有资源而对机会进行追求，是创新的一种体现。

（3）创新是一种推陈出新的实践活动。对原有的思想理念、制度文化和科学技术进行改造、革新、突破、超越，这是一切创新的特质，而创业正是具有这种特质的实践活动。

（4）创业是具有主体能动性的实践行为。主体能动性是一切创新活动的内在动因，创业过程中的主体能动性充分体现了它的创新性特征。

第二节　农村创新创业的意义

一、积蓄农村经济新动能的必然选择

资源要素驱动力逐步减弱，传统农业发展方式将越来越难以为继。为避免传统农村陷入衰退、凋敝的局面，既需要劳动力的妥善安置，实现农业规模经营和农业合理的收益，同时也需要向外吸纳各种优质资源，推进各类群体以自身资金、技术和经验积累在农村开办新企业、开发新产品、开拓新市场，培育新产业、新业态、新模式，将现代科技、生产方式和经营理念引入农业，

实现多要素发力、多产业融合、多经营主体培育,为农业农村经济发展不断培植新的增长点,不断注入新的动能和活力。

二、带动农民就近就业增收的重要举措

在经济转型升级和去产能推进的背景下,农民外出就业压力增大,就业增收受限于要素贡献边际效益递减,面临成本地板、价格天花板的双重挤压,结构性矛盾凸显。因此,需要发挥那些既懂城市、又懂农村,有梦想、有意愿、有能力人员的带头作用,在他们施展才干、实现个人价值的同时,带动更多的农民就业增收,实现创新支持创业、创业带动就业的良性互动局面。

三、培育新型职业农民的迫切需要

我国一些地方已出现农业兼业化、农村空心化和农民老龄化现象,农业农村未来发展问题凸显。因此,推进具有先进文化理念的各类人才下乡创业,向农村输送新生力量和新鲜血液,有利于培养和储备大量现代农业和农村经济各类人才,壮大新型职业农民队伍,构建农业农村经营体系,为乡村振兴奠定人才基础。

四、聚集农村资源要素的有效手段

发展现代农业,推进农村二三产业发展,离不开先进技术成果支撑。推进各类人才"下乡",放飞创业创新的梦想,吸引工业和城市资源要素向农业农村聚集,有利于发展新产业新业态新模式,推动"互联网+"现代农业和农村一二三产业融合发展,构建新型工农城乡关系,维护农村和谐稳定,开创新型工业化与农业现代化、新型城镇化与新农村建设协同推进和城乡一体化发展的新局面。

第三节　我国农村创新创业现状

一、我国农村创新创业成效

随着城乡融合发展步伐加快，农村"双创"环境持续改善，广袤乡村正成为返乡入乡创新创业热土。

一是规模不断扩大。据监测，2019年返乡入乡创新创业人员850万人，比上年增加70万。本乡创新创业人员3 100多万。2020年，全国各类返乡入乡创业创新人员达到1 010万人，比2019年增加160万人，同比增长19%。

二是创业层次提升。近年来，农村创新创业人员素质不断提高，除返乡农民工外，还有一大批大中专毕业生、退役军人、科技人员和城市白领返乡入乡创业，不断推动农村创业质量提升。据统计，40%的农村创新创业人员具有高中以上学历，60%以上的创业项目具有创新因素，80%以上属于产业融合类型。

三是乡土特色鲜明。农村创新创业多依托当地优势、特色农业资源，开发小专精新特产品，发掘田园风光和乡土文化资源，发展乡村休闲旅游，创响了一批"土字号""乡字号"品牌。

四是应用新型技术。据调查，55%左右的返乡入乡创新创业人员广泛利用大数据、互联网、物联网等现代信息技术，发展5G视频农业、农村电商、直播直销、点对点直供等新业态新模式。

五是带动富民兴乡。农村创新创业项目带动农民转移就业的能力非常强，平均每个农村创业项目能够吸纳6人长期就业和16人短期灵活就业。此外，据监测，40%的农村创业项目吸纳了建档立卡贫困户就业，30%的项目对农村人居环境改善有帮助。

二、我国农村创新创业面临的困难

从基层反映的情况看,当前返乡入乡创业面临不少困难和问题。一是创业项目不好选。60%的返乡创业者认为,项目不好选,缺信息、缺技术,找不到服务机构。二是创业资金不好筹。80%的返乡创业者靠自筹资金创业捉襟见肘,银行贷款所需的抵押担保难以提供。三是创业用地不好拿。返乡入乡创业一般需要一定的建设用地,但存量建设用地成本高,各类园区进不去,用地问题难以解决。四是创业人才不好聘。返乡入乡人员创办的大多是新产业新业态企业,需要大量专业人才。但农村存量人才不多,城里人才不愿去。五是创业风险不好控。返乡创业者只参加了养老保险和新农合,且不在失业保险的覆盖范围,其他救助措施也不多,抵御创业风险的难度大。

第二章　创业者的素质与能力

第一节　创业精神

创业精神是指在创业者的主观世界中，那些具有开创性的思想、观念、个性、意志、作风和品质等个体品质的提炼与浓缩。如果从创业精神的不同层面去剖析，在哲学层面上，创业精神可以理解为创业的思想与观念，是人们对创业的理性认识；从心理学层面上，创业精神可以概括为创业的个性与意志，是人们创业的心理基础；在行为学层面上，它包含创业的作风与品质，是人们创业的行为模式。

创业精神作为一种精神内核，是可以培养与引导的。作为创业者，对自身创业精神的培养是非常必要的。创业者的创业精神包含以下几个方面。

一、勇于创新的品质

创造力是人们利用已有的知识和经验创造出新颖独特、有价值的产品的能力，是人们自我完善、自我实现的基本素质。取得成功的创业者都具有一些共同的特质，他们能够在不断的变化中创造机会，积极地寻找新的机遇，不放过任何想法，即使是在一些传统的创业活动中，也同样能够找到创新的方向，创造出全新的商业模式从而取得成功。

第二章 创业者的素质与能力

创新品质的培养是贯穿始终的。任何创新都是在原有的基础上进行改革，这说明创新品质可以通过后天培养与训练。作为创业者，创新品质与能力的基础不是随意空想，而是要培养对日常事物的观察与探索。褚时健在75岁时选择再次创业，还是传统的农业创业——开办自己的果园，他所种的橙子被人们誉为"褚橙"，这得益于他不断的创新精神。经过6年的时间，褚时健不断摸索，创立了一套自己的种植办法，对肥料、灌溉、修剪都有自己的要求，工人必须严格执行。种橙期间，遇到任何难题，他的第一反应就是看书，经常一个人翻书到凌晨三四点，终于研究出了皮薄、柔软、易剥、味甜微酸、质绵无渣的"褚橙"，得到了市场的认可。

二、敢于冒险的品质

创业是一项风险性活动，它的成功与否取决于很多确定因素和不确定因素。处理确定性因素，如注册公司、制定公司章程等活动的时候，付出和回报往往都能清晰地判断，而对不确定性因素，如创业方向的决策、人才引进的决策、拓展业务方法的决策等活动的处理，其产生的结果大部分都不能准确地预测和判断。不确定性因素意味着风险，而创业者必须具备面对和把握这种风险的能力，即冒险精神。

当然冒险不是盲目地随着个人喜好发展，更不等同于赌博，它是建立在成功概率之上的，是在敏锐的市场洞察力和详细的市场调查基础之上的理性激进的行为。在实践中，冒险表现出两种类型：本性型和认知型，前者出于天性，后者是可以在后天实践中培养起来的。因此，冒险精神可以通过训练内化习得。创业可以通过训练培养风险管理意识，即接受、认识、了解、衡量、分析以及处置风险的能力和意识。

三、积极主动的精神

主动精神即进取精神,是一种源自自身积极努力地向目标挺进的精神力量,是创业者必备的心理素质,也是事业开创及开创之后持续发展的内在关键力量。在事业面临不确定情况的时候,进取精神能够启动创业者所有的思维和资源,去主动面对困难、解决困难,保证事业的顺利发展。

任何事业的开创都是主动进取的结果,在市场经济下,市场的竞争性特征决定了市场主体必须对信息和机会有更强的把握能力。要求他们主动寻找和把握机会,主动寻求资源和市场等来实现自己的事业目标。被动适应、等待机会和不作为式的创业是不可能持续的,注定会被市场淘汰。总之,市场经济需要主动进取的精神,在创业过程中,不能被动等待,要主动去关注这个世界,对外部世界保持好奇,主动去探索、去交流,在主动中把握机会。

四、乐于合作的精神

合作精神是指两个或两个以上的个体为了实现共同目标(共同利益)而自愿结合在一起,通过相互之间的配合和协调而实现共同目标,最终个人利益也获得满足的一种社会交往导向心理状态。另外,合作精神也是共享和共赢的一种体现。在信息化时代开放的市场环境下,没有人能独自创业成功,创业者需要尽可能降低风险,通过合作实现共赢是当今市场经济发展的必然趋势。

作为创业者,在创业的初始阶段,资金、人脉、能力都不可能完全具备,在精力上也不可能事事亲力亲为,必须借助合作伙伴的力量来取得成功。在必须借助企业外部力量的事业成长关键期,创业者必须具备与外部合作的意识。在进行关键策略决策时,创业者也必须借助团队,实现科学决策。创业团队在合作过程中,面临创业观念、能力、知识,以及权利、物质上的利害关系,这些都需要在创业过程中不断磨合。

第二节 创新思维

创新思维是一种具有开创意义的思维活动,即开拓人类认识新领域、开创人类认识新成果的思维活动,它往往表现为发明新技术、形成新观念、提出新方案和决策、创建新理论等。创新思维不仅表现为做出了完整的新发现和新发明的思维过程,而且还表现为在思考的方法和技巧上,在某些局部的结论和见解上具有新奇独到之处的思维活动。创新性思维的重要诀窍在于多角度、多侧面、多方向地看待和处理事物、问题和过程。具体表现在以下6个方面。

一、理论思维

理论一般可理解为原理的体系,是系统化的理性认识。理论思维是指使理性认识系统化的思维形式。这种思维形式在实践中应用很多,如系统工程就是运用系统理论思维来处理一个系统内和各个有关问题的一种管理方法。系统工程是组织管理系统的规划、研究设计、创新试验和使用的科学方法。又如,有人提出"相似论",也是科学理论思维的范畴,即人见到鸟有翅膀能飞,就根据鸟的翅膀,鸟体几何结构与空气动力和飞行功能等相似原理发明了飞机,有的也称其为"仿生学"。在企业组织生产中,也有很多地方要用到理论思维。理论思维是一种基本的思维形式。因此,为了把握创新规律,就要认真研究理论思维活动的规律,特别是创新性理论思维的规律。

二、多向思维

多向思维也称发散思维、辐射思维或扩散思维,是指对某一问题或事物的思考过程中,不拘泥于一点或一条线索,而是从仅有的信息中尽可能向多方向扩展,而不受已经确定的方式、方法、规则和范围等的约束,并且从这种扩散的思考中求得常规的和非常规的多种设想的思维。多向思维的概念,最早由武德沃斯于1918年提出,以后斯皮尔曼、卡推尔将之作为一种"流畅性"因素而使用过。美国心理学家吉尔福特在"智力结构的三维模式"中,便明确地提出了发散性思维,也即多向思维。他认为,发散思维是从给定的信息中产生信息,其着重点是从同一来源中产生各种各样的为数众多的输出。它的特点一是"多端",对一个问题可以多开端,产生许多联想,获得各式各样的结论。如怎样将梳子卖给和尚?二是"灵活",对一个问题能根据客观情况变化而变化。如第二次龟兔赛跑兔子又输了,原因可能是方向相反,也可能是前面有条河等。三是"精细",能全面细致地考虑问题。四是"新颖",答案可以有个体差异,各不相同,新颖不俗。在20世纪50年代后,通过对发散性思维的研究,进一步提出了发散性思维的流畅度(指发散的量)、变通度(指发散的灵活性)和独创度(指发散的新奇成分)3个维度,而这些特性是创新性思维的重要内容。人的多向性思维能力是可以通过锻炼而提高的。首先,遇事要大胆地敞开思路,不要仅仅考虑实际不实际,可行不可行,这正如一个著名的科学家所说:"你考虑的可能性越多,也就越容易找到真正的诀窍。"其次,要努力提高多向思维的质量,单向发散只能说是多低水平的发散。最后,坚持思维的独特性是提高多向思维质量的前提,重复自己脑子里传统的或定型的东西是不会发散出独特性的思维的。只有在思维时尽

第二章 创业者的素质与能力

可能多地提出一些"假如……""假设……""假定……"等，才能从新的角度想自己或他人从未想到过的东西。

三、侧向思维

"他山之石，可以攻玉。"当我们在一定的条件下解决不了问题或虽能解决但只是用习以为常的方案时，可以用侧向思维来产生创新性的突破。具体运用方式有以下 3 种。

（1）侧向移入。这是指跳出本专业、本行业的范围，摆脱习惯性思维，侧视其他方向，将注意力引向更广阔的领域或者将其他领域已成熟的、较好的技术方法、原理等直接移植过来加以利用；或者从其他领域事物的特征、属性、机理中得到启发，导致对原来思考问题的创新设想。鲁班由茅草的细齿划破手指而发明了锯；威尔逊根据大雾中抛石子的现象，设计了探测基本粒子运动的云雾器等。大量的事例说明，从其他领域借鉴或受启发是创新发明的一条捷径。

（2）侧向转换。这是指不按最初设想或常规直接解决问题，而是将问题转换成为它的侧面的其他问题，或将解决问题的手段转为侧面的其他手段等。这种思维方式在创新发明中常常被使用。

（3）侧向移出。与侧向移入相反，侧向移出是指将现有的设想、已取得的发明、已有的感兴趣的技术和本厂产品，从现有的使用领域、使用对象中摆脱出来，将其外推到其他意想不到的领域或对象上。这也是一种立足于跳出本领域，克服线性思维的思考方式，如将工程中的定位理论用在营销中。总之，不论是利用侧向移入、侧向转换还是侧向移出，关键的窍门是要善于观察，特别是留心那些表面上似乎与思考问题无关的事物与现象。这就需要在注意研究对象的同时，间接注意其他一些偶然看到的或事先预料不到的现象。也许这种偶然并非偶然,可能是侧向移入、移出或转换的重要对象或线索。

四、逆向思维

哲学研究表明,任何事物都包括对立的两个方面,这两个方面又相互依存于一个统一体中。人们在认识事物的过程中,实际上是同时与其正反两个方面打交道,只不过由于日常生活中人们往往养成一种习惯性思维方式,即只看其中的一方面,而忽视另一方面。如果逆转一下正常的思路,从反面想问题,便可能得出一些创新性的设想。如管理中的"鲶鱼效应",需改变传统的"对固定路径的依赖"。

逆向性思维具有以下特点。

(1) 普遍性。逆向性思维在各种领域、各种活动中都有适用性,由于对立统一规律是普遍适用的,而对立统一的形式又是多种多样的,有一种对立统一的形式,相应地就有一种逆向思维的角度,所以,逆向思维也有无限多种形式。如性质上对立两极的转换:软与硬、高与低等;结构、位置上的互换、颠倒:上与下、左与右等;过程上的逆转:气态变液态或液态变气态、电转为磁或磁转为电等。不论哪种方式,只要从一个方面想到与之对立的另一方面,就是逆向思维。逆向是与正常比较而言的,正向是指常规的、常识的、公认的或习惯的想法与做法。逆向思维则恰恰相反,是对传统、惯例、常识的反叛,是对常规的挑战。它能够克服思维定式,破除由经验和习惯造成的僵化的认识模式。

(2) 新颖性。循规蹈矩的思维和按传统方式解决问题虽然简单,但容易使思维僵化、刻板,摆脱不掉习惯的束缚,得到的往往是一些司空见惯的答案。其实,任何事物都具有多方面属性。由于受过去经验的影响,人们容易看到熟悉的一面,而对另一面却视而不见。逆向思维能克服这一障碍,往往会出人意料,给人以耳目一新的感觉。

五、联想思维

联想思维是指由某一事物联想到另一种事物而产生认识的心理过程,即由所感知或所思的事物、概念或现象的刺激而想到其他的与之有关的事物、概念或现象的思维过程。联想是每一个正常人都具有的思维本能。由于有些事物、概念或现象往往在时空中伴随出现,或在某些方面表现出某种对应关系,这些联想由于反复出现,就会被大脑以一种特定的记忆模式接受,并以特定的记忆表象结构储存在大脑中,一旦以后再遇到其中的一个时,人的大脑会自动地搜寻过去已确定的联系,从而马上联想到不在现场的或眼前没有发生的另外一些事物、概念或现象。联想的主要素材和触媒是表象或形象。表象是对事物感知后留下的印象,即感知后的事物不在面前而在头脑中再现出来的形象。表象有个别表象、概括表象与想象表象之分,联想主要涉及前两种,想象涉及最后一种。按亚里士多德的3个联想定律——"接近律""相似律""矛盾律",可以把联想分为相近、相似和相反的3种类型,其他类型的联想都是这3类的组合或具体展开。

(1) 相近联想。这是指由一个事物或现象的刺激想到与它在时间相伴或空间相接近的事物或现象的联想。

(2) 相似联想。这是指由一个事物或现象的刺激想到与它在外形、颜色、声音、结构、功能和原理等方面有相似之处的其他事物与现象的联想。世界上纷繁复杂的事物之间是存在联系的,这些联系不仅仅是与时间和空间有关的联系,还有很大一部分是属性的联系。如学习中的"高原现象"与企业成长阶段的"瓶颈";"狐假虎威"与"品牌联盟";战场上的战术与商场竞争中的策略等。相似联想的创新性价值很大。随着社会实践的深入，人们对事物之间的相似性认识越来越多，极大地扩展了科学技术的探索领域，解决了大量过去无法解决的复杂问题。利用相似联想，首先要在头脑中储存大量事物的"相似块"，然后在相似事物之间进行启发、模仿和借鉴。由于相似关系可以把两个表面上看相差很远的事物联系在一起，普通人一般不容易想到，所以相似联想易于产生创新性较高的设想。

（3）相反联想。这是指由一个事物、现象的刺激而想到与它在时间、空间或各种属性相反的事物与现象的联想。如由黑暗想到光明，由放大想到缩小，等等。相反联想与相近、相似联想不同，相近联想只想到时空相近面而不易想到时空相反的一面；相似联想往往只想到事物相同的一面，而不易想到正相对立的一面，所以相反联想弥补了前两者的缺陷，使人的联想更加丰富。同时，又由于人们往往习惯于看到正面而忽视反面，因而相反的联想又使人的联想更加多彩，更加富于创新性。

六、形象思维

形象思维就是依据生活中的各种现象加以选择、分析、综合，然后加以艺术塑造的思维方式。它也可以被归纳为与传统形式逻辑有别的非逻辑思维。严格地说，联想只完成了从一类表象过渡到另一类表象，它本身并不包含对表象进行加工制作的处理过程，而只有当联想导致创新性的形象活动时，才会产生创新性的成果。实际上，联想与形象的界限是不好划分的，有人认为可以把形象看成是一种更积极、更活跃、更主动的联想。不同类型的形象，其具体物质特征可能不尽相同，但它们作为同一种思维方式，又有下面一些共同特点。

（1）形象性。这是形象思维的明显特点。人们通过社会生活实践将丰富多彩的事物形象储存于记忆中形成表象，成为想象的素材。想象的过程是以表象或意想的分析和选择为基础的综合过程。想象所运用的表象以及产生的形象都是具体的、直观的。即使在研究抽象的科学理论时，人们也可以利用想象把思想具体化为某种视觉的、动觉的或符号的图像，把问题和设想在头脑中构成形象，用活动的形象来思维。如爱因斯坦在研究相对论时，就利用"火车""电梯"等一些形象的概念。抽象的理论或概念在思维过程中往往带有僵硬性，它的内容变化比较缓慢，常适应不了新的问题变化的要求。同时，在思维中概念的运演也要受逻辑框框的束缚，而直观的形象在思维过程中比概念更灵活。

（2）创新性。形象具有很大的创新性，因为它可以加工表象，多样性的加工本身就是创新。如人们可以按主观需求或幻想分解或打乱表象、抽象，强化表象等。由于形象带有浓烈的主观随意性和感情色彩，所以就表现出丰富多彩的创新性。

（3）概括性与幻想性。运用形象的思维活动并不是一种感性认识形式，而是具有形象概括性的理性认识形式，是由感性具体经过一系列的提炼和形象运演来进行的。与概括性互补的是形象中包含的猜想与幻想成分。它们是一种高于感知和表象的崭新的意识活动。它更能在不确定情况中使人们发挥创新性探索的积极性，有助于突破直接的现实感性材料的局限。

第三节 创业能力

创业能力是创业者综合水平的体现，是创业者成功创业的决定因素，主要有以下方面。

农村创新创业

一、学习能力

创业者是企业的引路人,要带领企业不断前进和发展,就必须了解新技术、新的管理知识和经验,对行业发展现状和未来有清醒的认识,对产品和消费者需求变化要十分熟悉。所有这些都需要创业者走在员工前面,走在竞争者前面,需要创业者有较强的学习能力。创业者要充分认识学习能力的重要性。要采用现代学习手段,运用科学学习方法,利用可能利用的时间和机会,为自己"充电",只有这样,才可能适应现代企业发展速度的变化需求,带领企业创造美好的未来。

二、规划能力

创业者要"胸怀企业,放眼世界,展望未来",能够根据当前情况,合理确定发展方向和阶段目标,依据市场环境和企业自身条件,制定出可行性的企业发展目标。制定目标时要做到长、中、短各期目标衔接合理。只有创业者有企业发展的蓝图,目标明确,才能驾驭全局带领团队有计划、有步骤地开展工作,才能使企业从成功走向新的成功。

三、创新能力

创业本身就是创新实践活动。成功的创业者要使企业获得生存空间,并得到成长和发展,必须有自己突出的特点。例如,在生产技术、生产工艺、产品功能、产品质量、服务等方面与其他同类产品相比,本企业产品能满足消费者特殊功能的需求,或者有高出一筹的质量,或者在外观上更符合消费者的审美个性。创业者只有保持与时俱进的创新能力,才能使企业充满生机与活力,才能在激烈的市场竞争中,保持竞争优势,获得可持续发

第二章　创业者的素质与能力

展。要进行创新活动,创业者必须要对生产技术和管理进行非常深入的了解,同时对于行业发展现状和发展趋势要十分清楚,还要分析消费者需求变化趋势,在此基础上,结合本企业特点,发掘本企业优势,不断实现创新活动,从而赢得市场竞争的主动。

四、预测决策应变能力

市场外部环境是瞬息万变的。创业者要以敏锐的眼光,观察周围情况的变化,采用科学的分析方法,对影响企业发展的各项因素做出及时准确预测,采用恰当的决策,找出应对外部环境变化的可行措施,引导企业良性发展。具体表现为管理信息能力,信息是企业发展的晴雨表。建立广泛的信息渠道和快速信息传输方式是企业生存发展的重要环节,特别是现代企业竞争日益激烈,面对快速多变的市场,企业如果不能借助信息做出快速反应,将会贻误商机,将企业带入困难境地。创业者对信息的管理能力在当今社会事关企业生死存亡。管理信息能力主要指创业者对信息的敏感捕捉能力、信息识别能力、信息处理能力和信息利用能力。信息管理就是利用这些能力为企业各方面管理服务,提高企业的应变能力。

第三章　农村创新创业的政策环境

第一节　主要政策文件

一、《关于促进乡村产业振兴的指导意见》

2019年6月，国务院印发《关于促进乡村产业振兴的指导意见》，明确指出要促进农村创新创业。实施乡村就业创业促进行动，引导农民工、大中专毕业生、退役军人、科技人员等返乡入乡人员和"田秀才""土专家""乡创客"创新创业。创建农村创新创业和孵化实训基地，加强乡村工匠、文化能人、手工艺人和经营管理人才等创新创业主体培训，提高创业技能。

二、《关于进一步推动返乡入乡创业工作的意见》

2019年12月，人力资源社会保障部、财政部、农业农村部印发《关于进一步推动返乡入乡创业工作的意见》，提出如下意见。

（一）加大政策支持

1. 落实创业扶持政策

返乡入乡创业人员可在创业地享受与当地劳动者同等的创业扶持政策。对返乡入乡创业人员符合条件的，及时落实税费减免、场地安排等政策。对首次创业、正常经营1年以上的返乡入乡创业人员，可给予一次性创业补贴。对返乡入乡创业企业吸纳就业困难人员、农村建档立卡贫困人员就业的，按规定给予社会保险补贴，符合条件的可参照新型农业经营主体支持政策给予支持。

2. 落实创业担保贷款政策

加大对符合条件的返乡入乡创业人员创业担保贷款贴息支持力度。建立诚信台账和信息库，探索建立信用乡村、信用园区、创业孵化示范基地、创业孵化实训基地推荐免担保机制。落实创业担保贷款奖补政策，合理安排贴息资金。鼓励创业担保贷款担保基金运营管理机构等单位多渠道筹集资金，更好服务创业就业。开启"互联网+返乡入乡创业企业+信贷"新路径，将"政府+银行+保险"融资模式推广到返乡入乡创业。

(二) 提升创业培训

1. 扩大培训规模

将有培训需求的返乡入乡创业人员全部纳入创业培训范围，依托普通高校、职业院校、教育培训机构等各类优质培训资源，根据创业意向、区域经济特色和重点产业需求，开展有针对性的返乡入乡创业培训。对返乡入乡创业带头人开展创业能力提升培训，充分发挥辐射和带动作用。

2. 提升培训质量

积极探索创业培训+技能培训，创业培训与区域产业相结合的培训模式，根据返乡入乡创业人员特点，开发一批特色专业和示范性培训课程。实施培训下乡"直通车"、农民夜校、远程培训、网络培训，推动优质培训资源城乡共享，提高培训的针对性、实用性和便捷度。探索组建专业化、规模化、制度化的创业导师队伍，发挥"师带徒"效应。

3. 落实培训补贴

对参加返乡入乡创业培训的农民工、建档立卡贫困人口、大

学生和退役士兵等人员，按规定落实培训补贴。有条件的地方可按规定通过项目制方式购买培训项目，为符合条件的返乡入乡创业人员提供培训。各地可结合实际需要，对师资培训、管理人员培训、管理平台开发等基础工作给予支持。

（三）优化创业服务

1. 提升服务能力

依托县乡政务服务中心办事大厅设立创业服务专门窗口，为返乡入乡创业人员就地就近提供政策申请、社保接续等服务。提升基层创业服务能力，完善县以下公共就业服务机构创业服务功能，建立基层服务人员管理和培训机制。组建企业家、创业成功人士、专业技术人员等组成的专家团，向返乡入乡创业人员提供咨询指导。支持运用就业创业服务补助，向社会购买基本就业创业服务成果，引导各类市场化服务机构为返乡入乡创业提供服务，加强绩效管理。

2. 强化载体服务

加强返乡入乡创业园、创业孵化基地、农村创新创业孵化实训基地等各类返乡入乡创业载体建设，为返乡入乡创业人员提供低成本、全要素、便利化的创业服务。构建"生产+加工+科技+营销+品牌+体验"多位一体、上下游产业衔接的创业格局，打造"预孵化+孵化器+加速器+稳定器"的全产业链孵化体系，力争5~10年农村创新创业孵化实训基地覆盖全国所有县（市、区）。落实房租物业费减免、水电暖费定额补贴等优惠政策，降低入驻企业和创业者经营成本。鼓励有条件的地方，在符合条件的乡村开辟延伸寄递物流线路及网点，降低返乡入乡创业企业生产经营成本。引入天使投资、创业投资、风险投资基金等，缓解入驻企业和创业者融资难题。有条件的地区可根据入驻实体数量、孵化效果和带动就业成效，给予一定奖补。

3. 健全社会保险和社会救助机制

推进扶贫车间、卫星工厂、返乡入乡创业小微企业等按规定参加工伤保险。开展新业态从业人员职业伤害保障试点。对返乡入乡创业失败的劳动者，按规定提供就业服务、就业援助和社会救助。

三、《关于推动返乡入乡创业高质量发展的意见》

2020年1月，国家发展改革委等19个部委、单位印发的《关于推动返乡入乡创业高质量发展的意见》，着力解决返乡入乡创业面临的融资、用地等实际问题。

（一）加大财税政策支持，降低返乡入乡创业生产经营成本

1. 创新财政资金支持方式

统筹利用现有资金渠道或有条件的地区因地制宜设立返乡入乡创业资金，为返乡入乡创业人员和企业提供支持。充分利用外经贸发展专项资金，支持中西部和东北地区承接加工贸易梯度转移，带动促进返乡创业。允许发行地方政府专项债券支持符合条件的返乡入乡创业产业园、示范区（县）建设项目。

2. 实施税费减免

对返乡入乡创业企业招用建档立卡贫困人口、登记失业人员，符合条件的，按规定落实税收优惠等政策。对入驻返乡入乡创业示范基地、创新创业园区（基地）、创业孵化基地等场所或租用各类园区标准化厂房生产的返乡入乡创业企业，各地可对厂房租金、卫生费、管理费等给予一定额度的减免。

（二）创新金融服务，缓解返乡入乡创业融资难题

1. 加大贷款支持

各地要加强与相关金融机构合作，创新金融产品和服务，加大对返乡入乡创业企业金融支持。推动城市商业银行、农村商业银行、农村信用社业务逐步回归本源,县域吸收的存款优先用于返乡入乡创业。鼓励和支持国有商业银行合理赋予县域支行信贷业务审批权限,激发县域支行支持返乡入乡创业融资积极性。支持相关银行对暂时存在流动资金贷款偿还困难且符合相关条件的返乡入乡创业企业给予展期。适当提高对返乡入乡创业企业贷款不良率的容忍度。

2. 引导直接融资

切实发挥国家中小企业发展基金、国家新兴产业创业投资引导基金及各地的产业引导基金、创业投资基金等作用,撬动更多社会资本支持返乡入乡创业。进一步放开资本市场,积极利用上市、发行债券等方式拓宽融资渠道。支持私募股权投资基金加大对返乡入乡创业支持力度。加大债券产品创新,支持返乡入乡创业企业通过发行创新创业公司债券等进行融资。

3. 创新担保方式

探索实施返乡入乡创业信用贷款政策,鼓励在返乡创业试点地区拓展返乡入乡创业企业信用贷款业务。完善创业担保贷款政策,放宽小微企业创业担保贷款申请条件。加快完善政府性融资担保体系,充分发挥国家融资担保基金等作用,积极为符合条件的返乡入乡创业市场主体实施融资担保。推广"银行保险+政策性担保"合作融资模式,鼓励保险公司为返乡入乡创业人员提供贷款保证保险产品。

4. 扩大抵押物范围

加快宅基地、集体建设用地以及农房等农村不动产确权登记,完善集体经营性建设用地抵押制度。在宅基地制度改革试点框架下,有条件的地区按照风险可控原则,稳妥探索宅基地使用权抵押贷款业务。探索实施利用大型农机具、股权、商标、应收账款等抵(质)押贷款,不断拓展抵(质)押物范围。

(三)健全用地支持政策,保障返乡入乡创业生产经营空间

1. 优先保障返乡入乡创业用地

统筹安排相关产业用地,切实保障返乡入乡创业用地需求。各地在安排年度新增建设用地计划指标时,要加大对返乡入乡创业人员从事新产业新业态发展用地的支持。移民搬迁旧宅基地腾退节余的建设用地指标和村庄建设用地整治复垦腾退的建设用地指标,优先用于返乡入乡创业生产经营。

2. 完善土地利用方式

创新土地流转政策,鼓励承包农户依法采取转包、出租、互换、转让及入股等方式流转承包地,鼓励长期外出务工的农民家庭将相对闲置的承包地集中流转给返乡入乡创业企业,用于农业生产经营。拓展农村宅基地所有权、资格权、使用权"三权分置"改革试点,鼓励针对返乡入乡创业人员和企业先行先试。返乡入乡人员创办农业休闲观光度假场所和农家乐的,可依法使用集体建设用地。

3. 盘活存量土地资源

盘活工厂、公用设施等的闲置房产、空闲土地,结合交通区位、产业基础、生产条件等实际情况,依法依规实施改造利用,为返乡入乡创业人员提供低成本生产和办公场地。

四、《扩大返乡留乡农民工就地就近就业规模实施方案》

2020年3月,农业农村部办公厅联合人力资源社会保障部办公厅印发了《〈扩大返乡留乡农民工就地就近就业规模实施方案〉的通知》,提出如下重点措施。

(一)落实就业扶持政策

落实吸纳农民工就业的财政、税收、信贷等援企稳岗政策。按照稳就业和返乡入乡创业工作要求,对首次创业、正常经营 1

年以上的返乡留乡创业农民工给予一次性创业补贴。按照普惠金融发展专项资金管理办法，对符合条件的返乡留乡农民工创业担保贷款予以贴息。

(二) 引导企业扩大岗位

支持企业特别是农业产业化龙头企业通过临时性、季节性、弹性用工等形式，吸引返乡留乡农民工灵活就业。鼓励企业间开展用工调剂，采取借调代岗形式，增加就业机会，实现返乡留乡农民工共享就业。支持企业延伸产业链和服务外包，吸引返乡留乡农民工在加工、包装、运输等环节交替上岗，实现返乡留乡农民工临时兼业。有序推进乡村劳动密集型制造业、服务业企业和中小微企业复工复产，实现返乡留乡农民工到岗就业。

(三) 开发更多新型业态

积极发展生产性服务业，吸引返乡留乡农民工在农资供应、统防统治、代耕代种、农机维修等农业前端行业就业。积极发展农产品初加工，吸引农民工在农产品储藏保鲜、分等分级、清洗包装等后端行业就业。跨界配置农业和现代产业要素，吸引返乡留乡农民工在休闲旅游、健康养生、共享农庄、农村电商等新业态就业。鼓励返乡留乡农民工发展乡村养老育幼、家政服务、资源回收等生活性服务业。

(四) 加强基础设施建设

加快实施高标准农田建设、水利设施建设、乡村道路改造、小流域治理、农村危房改造、人居环境整治等工程，吸纳返乡留乡农民工就业。通过现代农业产业园、农业产业强镇、优势特色产业集群等农业项目的实施，优先安排返乡留乡农民工就业。引导社会资本下乡，建设原料基地，下沉加工产能，兴办商贸物流，增加返乡留乡农民工就业岗位。

(五) 优化就业创业服务

及时向社会公布政策清单、申办流程、补贴标准，确保政策

第三章 农村创新创业的政策环境

和服务落实到位。组织开展线上线下多元化就业指导,健全岗位信息公共发布平台,实现岗位信息在线发布和跨地区共享。加强返乡留乡农民工定期联系和分级分类服务。在县乡行政服务大厅设立服务窗口,为返乡留乡农民工就业创业提供"一站式"服务。

(六)开展职业技能培训

实施返乡留乡职业技能提升行动,运用互联网+职业技能培训模式,按照就业意向、区域特点和产业需求,开发一批特色专业和示范培训线上培训课程资源。加强返乡留乡农民工专项培训,开展返乡留乡农民工技能提升培训或转岗转业培训。加强就业见习实习、创业孵化实训基地建设,鼓励培训机构与企业联合开展定向、定岗、订单式就业创业技能培训。组建创业导师队伍和专家顾问团,建立专业化、规模化、制度化培养机制。

五、《关于深入实施农村创新创业带头人培育行动的意见》

2020年6月,农业农村部、国家发展改革委等9个部委、单位出台了《关于深入实施农村创新创业带头人培育行动的意见》,明确了返乡创业农民工、入乡创业人员和在乡创业能人等重点培育对象,提出了扶持政策。

(一)加大财政政策支持

统筹利用好现有创新创业扶持政策,为符合条件的返乡入乡创业人员和企业提供支持,农村创新创业带头人可按规定申领。鼓励地方统筹利用现有资金渠道,支持农村创新创业带头人兴办企业、做大产业。允许发行地方政府专项债券,支持农村创新创业园和孵化实训基地中符合条件的项目建设。对首次创业、正常经营1年以上的农村创新创业带头人,按规定给予一次性创业补贴。对入驻创业示范基地、创新创业园区和孵化实训基地的农村创新创业带头人创办的企业，可对厂房租金等相关费用给予一定额度的减免。

（二）加大金融政策支持

引导相关金融机构创新金融产品和服务方式，支持农村创新创业带头人创办的企业。落实创业担保贷款贴息政策，大力扶持返乡入乡人员创新创业。发挥国家融资担保基金等政府性融资担保体系作用，积极为农村创新创业带头人提供融资担保。引导各类产业发展基金、创业投资基金投入农村创新创业带头人创办的项目。推广"互联网+返乡创业+信贷"等农村贷款融资模式。

（三）加大创业用地支持

各地新编县乡级国土空间规划、省级制定土地利用年度计划应做好农村创新创业用地保障。推进农村集体经营性建设用地入市改革，支持开展县域农村闲置宅基地、农业生产与村庄建设复合用地、村庄空闲地等土地综合整治，农村集体经营性建设用地、复垦腾退建设用地指标，优先用于乡村新产业新业态和返乡入乡创新创业。允许在符合国土空间规划和用途管制要求、不占用永久基本农田和生态保护红线的前提下，探索创新用地方式，支持农村创新创业带头人创办乡村旅游等新产业新业态。

（四）加大人才政策支持

支持和鼓励高校、科研院所等事业单位科研人员，按国家有关规定离岗到乡村创办企业，允许科技人员以科技成果作价入股农村创新创业企业。将农村创新创业带头人及其所需人才纳入地方政府人才引进政策奖励和住房补贴等范围。对符合条件的农村创新创业带头人及其共同生活的配偶、子女和父母全面放开城镇落户限制，纳入城镇住房保障范围，增加优质教育、住房等供给。加快推进全国统一的社会保险公共服务平台建设，切实为农村创新创业带头人及其所需人才妥善办理社保关系转移接续。

六、《关于依托现有各类园区加强返乡入乡创业园建设的意见》

2021年3月,国家发展改革委等14个部委、单位联合印发《关于依托现有各类园区加强返乡入乡创业园建设的意见》,进一步破除制约返乡入乡创业高质量发展的痛点堵点。其中,提出的政策措施如下。

(一) 发挥财政资金撬动作用

允许将符合条件的返乡入乡创业园建设项目纳入地方政府专项债券支持范围。统筹利用现有资金渠道,有条件的地方可因地制宜安排资金,支持返乡入乡创业园建设。对符合条件的返乡入乡创业企业提供创业担保贷款贴息支持,中央财政通过普惠金融发展专项资金对地方予以补助。鼓励入园的家政服务、养老托育、乡村旅游、家电回收领域的返乡入乡创业企业开展社会服务领域双创带动就业示范。对首次创业并正常经营1年以上的返乡入乡创业人员,可按规定给予一次性创业补贴。

(二) 发挥金融支持作用

以省、市为单位整合返乡入乡创业园项目,由金融机构依法合规进行融资支持。支持金融机构开发服务返乡入乡创业园建设的金融产品,支持企业生产设施等建设。鼓励金融机构在风险可控、商业可持续的前提下,创新金融产品和业务模式,合理确定贷款成本,支持返乡入乡创业企业发展。大力发展供应链金融,引导金融机构与园区内产业链龙头企业合作,为上下游返乡入乡创业企业依法合规提供多样化产品和服务。鼓励金融机构对接全国中小企业融资综合信用服务平台,创新开发"信易贷"产品和服务,加大对返乡入乡创业园企业、工商户的信用贷款支持力度。发挥市场化征信机构优势,运用大数据手段整合税务、市场监管等部门和金融机构的信用数据,对返乡入乡创业园企业、工商户进行分级分类信用评价,形成返乡入乡创业企业、工商户白名单,鼓励金融机构给予信用贷款支持。

(三) 发挥社会资本补充作用

鼓励社会资本按照"市场运作、科学决策、防范风险"的原则建立返乡入乡创业投资基金,鼓励金融机构、社会资本依法合规对返乡入乡创业园企业进行股权投资。支持园区内返乡入乡创业企业通过发行创新创业公司债券等方式进行债权融资。积极探索互联网公司、电商平台、人力资源服务公司等生产服务类企业参与返乡入乡创业园建设的有效途径。

(四) 构建完善银担合作机制

充分发挥政府性融资担保、再担保机构的作用,为符合条件的返乡入乡创业园内小微企业、个体工商户和"三农"主体提供融资增信。建立完善银行业金融机构、担保机构、保险公司等多方参与的市场化风险分担机制。

(五) 提供土地、培训等配套支持

对带动就业数量大、吸纳贫困劳动力多的返乡入乡创业企业和创新创业载体,可适当放宽经营资质、土地使用等方面的入园审批条件。鼓励发展潜力大、入驻企业多、吸纳就业能力强的返乡入乡创业园配建公共实训基地,符合条件的,中央预算内投资予以适当支持。推动创业孵化基地、双创基地、众创空间等与返乡入乡创业园共建共享用工对接、人员培训、创业咨询等服务。

第二节 吸引人才回乡政策

近年来,国家出台一系列扶持政策,吸引高校毕业生、青年

第三章 农村创新创业的政策环境

农民工、退役军人等青年到农村就业创业。

一、加大政策扶持

对符合条件的返乡入乡创业青年，及时落实税费减免、场地安排等政策。对首次创业、正常经营 1 年以上的返乡入乡创业青年，可给予一次性创业补贴。将符合条件的返乡入乡创业青年纳入创业担保贷款政策支持范围，提供个人最高 20 万元、小微企业最高 300 万元的财政贴息贷款。对 10 万元及以下的个人创业担保贷款免除反担保要求。

二、搭建创业平台

农业农村部在全国认定各具特色的全国农村创新创业基地（园区）和农村创新创业典型县，为返乡入乡创业青年提供低成本、全要素、便利化的创业服务。举办全国新农民新技术创新创业博览会和全国农村创新创业项目创意大赛，为返乡入乡创业青年提供展示平台。

三、用乡情亲情吸引人才回乡

指导各地建立本地外出人员联络机制，以乡情亲情吸引青年人才回乡创业创新，并按规定为返乡入乡创业人员、引进人才及其家庭提供配套公共服务。返乡入乡创业企业招用的技术技能人才、经营管理人才，纳入当地人才引进政策支持范围。

四、开展典型案例推介

弘扬创新创业文化，宣传创新创业典型，营造良好社会氛围，对创新性强、适用面广、示范性好的农村创新创业项目带头人，以及服务完善、主体活跃、环境良好的农村创新创业典型县

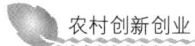

加以宣传推介。自 2017 年以来，连续组织开展全国农村创新创业优秀带头人典型案例推介活动，遴选出优秀带头人典型案例，充分发挥典型案例示范引领作用，带动更多青年返乡下乡创新创业。

第四章　农村创业项目和模式

第一节　农村创业项目

如何正确选择创业项目，是每个创业者都要思考的问题。拥有合适的创业项目是创业成功最重要的基础。每一位创业者都要对创业项目的选择抱以极其谨慎的态度，要按照自身技能、经验、资金实力等实际情况，对各类项目加以甄选。农村创新创业项目有许多种类可以选择，归纳起来，主要有以下几方面。

一、规模种植项目

随着我国现代农业的快速发展，家庭联产承包经营与农村生产力发展水平不相适应的矛盾日益突出，农户超小规模经营与现代农业集约化生产之间的不相适应越来越明显。我国农户土地规模小，农民经营分散、组织化程度低、抵御自然和市场风险的能力较弱，很难设想，在以一家一户小农经济的基础上能建立起现代化农业，并实现较高的劳动生产率和商品率。规模种植业便于集中有限的财力、人力、技术、设备，形成规模优势，提高综合竞争力。因此，打破田埂的束缚，让一家一户的小块土地通过有效流转连成一片，实施机械化耕作，进行规模化生产，既是必要的，也是可能的，这也成为农业创业的重要选择项目。

适合规模种植业创业的条件：一是有从事规模种植业的大面

积土地，土地条件要便于规模化生产和机械化耕作；二是有大宗农副产品的销售市场；三是当地农民有某种作物的传统种植经验。

二、规模养殖项目

国家在畜牧业发展方面重点支持建设生猪、奶牛规模养殖场（小区），开展标准化创建活动，推进畜禽养殖加工一体化。标准化规模养殖是今后一个时期的重点发展方向。也就是说，规模养殖业已经成为养殖业创业类型中的必然选择。近几年不断出现的畜禽产品质量安全问题，促使国家更加重视规模养殖业的发展。只有规模养殖业才能从饲料、生产、加工、销售等环节控制畜禽产品的质量，国家积极推进建立的各类畜禽产品质量安全追溯体系适合于规模养殖业。在这样的政策背景下，选择规模养殖业创业项目不失为一个明智的选择。规模养殖业是技术水平要求较高的行业，如果选择规模养殖业为创业项目，一定要注意认真学习养殖和防疫技术，万不可想当然、靠直觉，要多听专家的意见，或者聘请懂技术的专业人员。

适合规模养殖业创业的条件：一是当地的气候、水文等自然条件要适宜，周围不能有工业或农业污染，交通要便利，地势较高；二是发展规模养殖所用土地要能够正常流转；三是畜禽产生的粪污要有科学合理的处理渠道；四是繁育孵化、喂饲、饮水、清粪、防疫、环境控制等设施设备要齐全。

三、设施农业项目

设施农业是指在不适宜生物生长发育的环境条件下，通过建立结构设施，在充分利用自然环境条件的基础上，人为地创造生物生长发育的生境条件，实现高产、优质、高效的现代化农业生产方式。随着社会经济和科学技术的发展，传统农业产业正经历着翻天覆地的变化，由简易塑料大棚和温室发展到具有人工环境控制设施的自动化、机械化程度极高的现代化大型温室和植物工厂。当前，设施农业已经成为现代农业的主要产业形态，是现代农业的重要标志。设施农业主要包括设施栽培和设施养殖。

1. 设施栽培项目

目前主要是蔬菜、花卉、瓜果类的设施栽培，设施栽培技术不断提高发展，新品种、新技术及农业技术人才的投入提高了设施栽培的科技含量。现已研制开发出高保温、高透光、流滴、防雾、转光等功能性棚膜及多功能复合膜和温室专用薄膜，便于机械化卷帘的轻质保温被逐渐取代了沉重的草帘，也已培育出一批适于设施栽培的耐高温、耐弱光、抗逆性强的设施专用品种，提高了劳动生产率，使栽培作物的产量和质量得以提高。下面简要介绍主要设施栽培装备类型及其应用。

(1) 小拱棚。小拱棚主要有拱圆形、半拱圆形和双斜面形3种类型。主要应用于春提早、秋延后或越冬栽培耐寒蔬菜，如芹菜、青蒜、小白菜、油菜、香菜、菠菜、甘蓝等；春提早的果菜类蔬菜，主要有黄瓜、番茄、青椒、茄子、西葫芦等；春提早栽培瓜果的主要栽培作物为西瓜、草莓、甜瓜等。

(2) 中拱棚。中拱棚的面积和空间比小拱棚稍大，人可在棚内直立操作，是小棚和大棚的中间类型。常用的中拱棚主要为拱圆形结构，一般用竹木或钢筋作骨架，棚中设立柱。主要应用于春早熟或秋延后生产的绿叶菜类、果菜类蔬菜及草莓和瓜果等，也可用于菜种和花卉栽培。

(3) 塑料大棚。塑料大棚是用塑料薄膜覆盖的一种大型拱棚。它和温室相比，具有结构简单、建造和拆装方便、一次性投资少等优点；与中小棚比，又具有坚固耐用、使用寿命长、棚体高大、空间大，以及必要时可安装加温和灌水等装置，便于环境调控等优点。主要应用于果菜类蔬菜、各种花草及草莓、葡萄、樱桃等作物的育苗；春茬早熟栽培，一般果菜类蔬菜可比露地提早上市20~30天，主要作物有黄瓜、番茄、青椒、茄子、菜豆等；秋季延后栽培，一般果菜类蔬菜采收期可比露地延后上市20~30天，主要作物有黄瓜、番茄、菜豆等；也可进行各种花草、盆花和切花栽培，草莓和葡萄、樱桃、柑橘、桃等果树栽培。

（4）现代化大型温室。现代化大型温室具备结构合理、设备完善、性能良好、控制手段先进等特点，可实现作物生产的机械化、科学化、标准化、自动化，是一种比较完善和科学的温室。这类温室可创造作物生育的最适环境条件，能使作物高产优质。主要应用于园艺作物生产上，特别是价值高的作物生产上，如蔬菜、切花、盆栽观赏植物、园林设计用的观赏树木和草坪植物以及育苗等。

2. 设施养殖项目

目前主要是畜禽、水产品和特种动物的设施养殖。近年来，设施养殖正在逐渐兴起。下面简要介绍设施养殖装备类型及其应用。

（1）设施养猪装备。常用的主要设备有猪栏、喂饲设备、饮水设备、粪便清理设备及环境控制设备等。这些设备的合理性、配套性对猪场的生产管理和经济效益有很大的影响。由于各地实际情况和环境气候等不同，对设备的规格、型号、选材等要求也有所不同，在使用过程中须根据实际情况进行确定。

（2）设施养牛装备。主要有各类牛舍、遮阳棚舍、环境控制、饲养过程的机械化设备等，这些技术装备可以配套使用，也可单项使用。

（3）设施养禽装备。现代养禽设备是用现代劳动手段和现代科学技术装备的,在养禽特别是养鸡的各个生产环节中使用,各种设施实现自动化或机械化,可不断地提高禽蛋、禽肉的产出率和商品率,达到养禽稳定、高产优质、低成本,以满足社会对禽蛋、禽肉日益增长的需要。主要有以下几种装备:孵化设备、育雏设备、喂料设备、饮水设备、笼养设施、清粪设备、通风设备、湿热降温系统、热风炉供暖系统等。

(4)设施水产养殖装备。设施水产养殖主要分为两大类:一是网箱养殖,包括河道网箱养殖、水库网箱养殖、湖泊网箱养殖、池塘网箱养殖;二是工厂化养鱼,包括机械式流水养鱼、开放式自然净化循环水养鱼、组装式封闭循环水养鱼、温泉地热水流水养鱼、工厂废热水流水养鱼等。

目前,设施农业的发展以超时令、反季节生产的设施栽培生产为主,它具有高附加值、高效益、高科技含量的特点,发展十分迅速。随着社会的进步和科学的发展,我国设施农业的发展将向着地域化、节能化、专业化发展,由传统的作坊式生产向高科技、自动化、机械化、规模化、产业化的工厂型农业发展,为社会提供更加丰富的无污染、安全、优质的绿色健康食品。

四、休闲观光农业项目

休闲观光农业是一种以农业和农村为载体的新型生态旅游业,是把农业与旅游业结合在一起,利用农业景观和农村空间吸引游客前来观赏、游览、品尝、休闲、体验、购物的一种新型农业经营形态。休闲观光农业主要有观光农园、农业公园、教育农园、森林公园、民俗观光村5种形式。

现代农业不仅具有生产性功能,还具有改善生态环境质量,为人们提供观光、休闲、度假的生活性功能。也就是说,农业生产不仅要满足"胃",还要满足"心",满足"肺"。随着人们收入的增加以及闲暇时间的增多，人们渴望多样化的旅游，尤其希望能在广阔的农村环境中放松自己。休闲观光农业的发展，不仅可以丰富城乡人民的精神生活，优化投资环境，而且能实现农业生态、经济和社会效益的有机统一。

休闲观光农业创业要具备以下条件：一是当地要有值得拓展的旅游空间，休闲观光创业项目要有自己的特点，不能完全雷同；二是农业旅游项目要能够满足人们回归大自然的愿望，软硬件设施要满足游客的需要；三是周围要有休闲观光消费的群体，消费群体要有一定的消费能力；四是休闲观光项目要能够增加农业生产的附加值，要能配套开发出相应的旅游产品。

五、农产品加工项目

农产品加工业有传统农产品加工业和现代农产品加工业两种形式。传统农产品加工业是指对农产品进行一次性的不涉及对农产品内在成分改变的加工，也就是通常所说的农产品初加工。现代农产品加工业是指用物理、化学等方法对农产品进行处理，改变其形态和性能，使之更加适合消费需要的工业生产活动。依托现代农产品加工业实现创业成功的例子不胜枚举，是否也可以依靠当地农产品资源进行现代农产品加工创业呢？创业之初，完全可以把规模放小一点，充分考虑市场风险，随着技术和市场的不断成熟再不断改进加工工艺并扩大规模，最终实现创业成功。

农产品加工业创业应有的条件：一是产品要有丰富的市场需求；二是加工原料要有充足的来源；三是要有能赢得良好口碑的产品。

六、农村新型服务业项目

农村新型服务业是适应农村生产生活方式变化应运而生的产

业,业态类型丰富,经营方式灵活,发展空间广阔。农村新型服务业包括生产性服务业和生活性服务业。

(一)生产性服务业

为适应农业生产规模化、标准化、机械化的趋势,支持供销、邮政、农民合作社及乡村企业等,开展农技推广、土地托管、代耕代种、烘干收储等农业生产性服务,以及市场信息、农资供应、农业废弃物资源化利用、农机作业及维修、农产品营销等服务。

引导各类服务主体把服务网点延伸到乡村,鼓励新型农业经营主体在城镇设立鲜活农产品直销网点,推广农超、农社(区)、农企等产销对接模式。鼓励大型农产品加工流通企业开展托管服务、专项服务、连锁服务、个性化服务等综合配套服务。

(二)生活性服务业

改造提升餐饮住宿、商超零售、美容美发、洗浴、电器维修、再生资源回收等乡村生活服务业,积极发展养老护幼、卫生保洁、文化演出、体育健身、法律咨询、信息中介、典礼司仪等乡村服务业。

积极发展订制服务、体验服务、智慧服务、共享服务、绿色服务等新形态,探索"线上交易+线下服务"的新模式。鼓励各类服务主体建设运营覆盖娱乐、健康、教育、家政、体育等领域的在线服务平台,推动传统服务业升级改造,为乡村居民提供高效便捷的服务。

七、农村电子商务项目

(一)培育农村电子商务主体

引导电商、物流、商贸、金融、供销、邮政、快递等各类电子商务主体到乡村布局，构建农村购物网络平台。依托农家店、农村综合服务社、村邮站、快递网点、农产品购销代办站等发展农村电商末端网点。

（二）扩大农村电子商务应用

在农业生产、加工、流通等环节，加快互联网技术应用与推广。在促进工业品、农业生产资料下乡的同时，拓展农产品、特色食品、民俗制品等产品的进城空间。

（三）改善农村电子商务环境

实施"互联网+"农产品出村进城工程，完善乡村信息网络基础设施，加快发展农产品冷链物流设施。建设农村电子商务公共服务中心，加强农村电子商务人才培养，营造良好市场环境。

农村电子商务创业应有的条件：一是网络基础设施；二是物流配送；三是产品质量；四是市场需求；五是营销能力。

第二节 选择创业项目

一、从市场需求选择创业项目

所有的创业行为都要落实在一个个具体的创业项目上。创业项目的寻找和选择至关重要，在探寻创业项目时要舍得花工夫。

（一）基于解决别人困难，选定创业项目

别人的困难往往就是创业成功的机会。企业通过为他人提供有益的服务、为他人解决工作和生活中的困难，可以获得正当合法的盈利。

（二）分析已有商品存在的问题，选定创业项目

市场上销售的商品总会存在这样或者那样的问题，有的样式呆板，有的颜色单一，有的在功能和性能方面不够完善，有的在

结构方面不够合理等。创业者经过调查分析，针对这些商品存在的问题进行改进、完善、提高，以此作为创业项目，往往成功率很高。

（三）透视热销商品背后隐藏的商机，选定创业项目

以热销商品为导向，认真分析热销商品背后隐藏的商机，再选定创业项目进行经营。例如，当看到市场上鸡蛋热销时，分析预测鸡蛋热销背后隐藏的商机：一种商机是马上会兴起养鸡热，随之而来的第二种商机也会出现，就是鸡饲料将会供不应求。因此，既不去卖鸡蛋，也不去养鸡，而是跳过两个阶段去生产鸡饲料。

（四）基于市场供求差异分析，选定创业项目

从宏观上看，任何产品或服务的市场需求总量和市场供给总量之间往往都会存在一定的差距。通过调查分析，若发现哪个产品或服务的市场供给不足，就可以从中找到创业机会，选定创业项目。市场需求不仅是多样化的，而且是不断变化的，因此，即使有市场工具，但结构也会出现不平衡，这样就会有需求空间存在，创业者通过分析供求结构差异，也可以从中发现创业机会，确立创业项目。

（五）利用市场细分，选定创业项目

作为市场细分，就是根据整体市场上顾客需求的差异性，以影响顾客需求和欲望的某些因素为依据，把某种商品的整体市场划分为若干个消费者群的一种市场分类方法，通过市场细分划分出的每一个消费者群，就是一个子市场，每个子市场都是具有相同或类似需求倾向的消费者构成的群体，因此，属于同一子市场的消费者，对同一商品的需求极为相似，分属不同子市场的消费者对同一商品的需求则存在着明显的差异。因此，进行科学的市场细分，有利于发现市场机会，选定目标市场，确定创业项目。

二、从资源条件选择创业项目

资源是创业的重要基础。认真研究分析创业资源是创业的首要任务。既要分析拥有的自然资源,包括土地、山林、矿产等,也要分析自己拥有的社会资源,包括技术、信息以及人际关系等。对资源的分析要实事求是。在符合国家大政方针的前提下,对资源进行合理整合和有效利用,以达到效益最大化。下面从不同地区具有的资源条件,分析其适合的创业项目。

(一)偏远乡村创业项目的选择

偏远乡村,通常存在交通条件较差、经济条件差、资金紧张、信息闭塞、人才缺乏等问题。交通条件差,运输成本必然高企,因此,是不适合发展低利润、分量重的农产品的。经济条件差、信息闭塞会导致土特产品难以依靠自己的力量进入市场,大多数会被中间商收购获利,农民利润微薄。人才的缺乏也会导致难以打开新思路,发现新机会。偏远乡村的发展,必须化劣势为优势开展创业。例如,因为地处偏远,因此受工业污染的程度低,自然环境好;因为信息相对闭塞,因此可能保留了传统、淳朴的民风面貌等。对于此类地区,建议如下。

(1)发展高值产品,避免低值产品。像白菜、萝卜之类的常规大宗蔬菜,价值低、运输成本高,偏远地区生产销售此类商品不具备任何竞争优势。如果发展绿色有机食品和绿色特色农产品,则能将地处偏远的劣势转为优势,利用环境无污染的特点打造绿色、环保、健康的特色农产品品牌。

(2)发展绿色农业与休闲旅游相结合的产业。将偏远劣势化为优势,打造原始、自然风貌的乡村旅游业,挖掘乡村故事和内涵,结合自然资源,发展绿色农业和特色乡村旅游相结合的产业,游客对特色农产品和传统手工制品等商品的价格敏感度不高,且市场无同类商品进行对比,因此可以打造出差异化的竞争优势。

(3) 转变思路,发展农村电商。偏远乡村的基层组织应充分发挥战斗堡垒作用,主导发展建立农村电子商务平台和联合体,充分利用扶贫政策和资源,结合现代电子商务技术,建立从村到市的一手销售渠道,去中间商和差价,帮助农民提升产品利润。

(二) 城郊乡村创业项目的选择

创业就是要充分利用自己掌握的各类资源,将资源的价值最大化。作为城郊乡村,其显著特点就是与城市相邻、与农村相连,是个中间产物,具备双向特征。一方面能快速直接地把农村的商品和服务输入城市;另一方面又能把城市的信息和技术转化利用,推向农村,正所谓"靠山吃山,靠水吃水"。城郊乡村双"靠",就要充分发挥这个桥梁作用。基于城郊乡村的特点,建议如下。

(1) 围绕城市饮食需求和习惯,发展种植和养殖业。例如,城里流行吃玉米、芋头等粗粮,城郊农民发展这类种植业,销路就有保障。

(2) 大力发展周末休闲游产业。把城里人吸引到城郊过周末,体验农村"土"生活。

(3) 提供稀缺服务。例如,修鞋、衣服缝纫修补、家庭水电厨卫维修、废品回收等。这些生意,看着不起眼,城里没人做,但是很多小区、学校需要这样的服务。没人做所以稀缺,不愁没生意。

(4) 提供农田租赁、农产品配送等服务。在城市中生活久了,很多人希望体验农夫的生活,养一头羊、种一亩地、赶一群鸭是很多城里人的梦想。城郊乡村有土地和养殖场地,可以提供土地租赁和动物认养服务，既可以由城里人自己种菜、养羊、放鸡，也可以由农民代为种养，蔬菜、羊奶、鸡蛋等可以提供配送上门服务。

（三）乡镇街道创业项目的选择

乡镇街道主要是临街临马路，车流、人流旺盛。所有的商业首先需要的就是人流量。人在哪里，人流量就在哪里，钱就在哪里。因此，乡镇的街道旁其实就是一个庞大的人流量入口，餐饮、住宿、零售等第三产业是非常适合的。

（四）干旱地区创业项目的选择

干旱地区指降水量较少、蒸发量较大的地区，此类地区生态环境脆弱，农业生产力低而不稳。干旱地区与其他自然资源丰富的地区相比，创业资源相对较少。为此，更多地要考虑如何利用当地环境、改造当地环境，变废为宝，转化劣势，创造优势。

干旱地区光照强、日照时间长、空气湿度大。在这样的地方创业必须解决当地的水源条件才能够发展。在种植和养殖上，要选定适应于当地环境、耐旱的植物和动物。在加工上，要充分利用当地气温高、空气湿度小等特点。

（五）水源丰富地区创业项目的选择

水源丰富是指当地的水资源超过了发展常规农业生产所需的程度。在这样的情况下发展生产，必须立足当地水资源条件，以当地水源丰富的特点去发展需要水源较多的产业，充分挖掘水资源丰富的潜力。例如，发展水产养殖、水生蔬菜、水乡旅游等。

在利用水资源发展有关产业的同时，还必须坚持以市场需求为导向，不能只考虑这里适合种植什么和养殖什么，还要考虑市场需要什么。

2016年开始，一个一直存在的美食"小龙虾"突然翻红，

第四章　农村创业项目和模式

成了大街小巷、无人不知的网红美食,一时间全国到处都是小龙虾连锁餐饮的身影。在小龙虾的养殖和食用方面,一直以来以江苏盱眙小龙虾最为出名,但是近几年来,湖北在小龙虾产业中异军突起,发展迅猛,消费市场持续放大,产业链不断延伸,2017年,湖北小龙虾年产量达63万吨,养殖年产值达到254.27亿元。湖北借助小龙虾产业培育出一批国内知名度较高的龙头企业,以及楚江红等一系列小龙虾品牌。

湖北正是利用水源丰富的特点,同时结合市场发展趋势和旺盛的需求,抓住机遇,迅猛发展,在发展养殖业的同时,持续培育消费市场,将产业链不断延伸,以养殖为起点,延伸至小龙虾交易市场、冷链物流、深加工、餐饮业、休闲渔业等。

(六) 山地地区创业项目的选择

山地资源比较丰富,通常山地资源中蕴藏着丰富的矿产资源、旅游资源、能源资源和生物资源等。在山地创业,就要充分开发和利用山地的资源。从农民创业的角度,矿产资源和能源资源的开发和利用难度较大,也需要大量资源和技术力量,为此气候和生物资源以及旅游资源是农民创业可以首要考虑开发利用的资源。

种养业方面,可以栽种适合山地的经济作物、药材等,也可以利用山区环境人工饲养山林动物等。靠山吃山,可以结合当地的山区旅游业,发展旅游服务产业和野生产品深加工及零售业,如山野蔬菜水果深加工及零售,山区农家乐和地道美食服务等。

在山区资源开发利用上,东北的一个小城新宾县的做法可以给创业者一些借鉴。

我国东北地区土地肥沃,森林茂密。在辽宁省境内,有一个非常美丽的小城——新宾县(全称新宾满族自治县)。该县于1985年成立,是全国首个满族自治县。新宾县地处抚顺东南部,有着丰富的山林资源。这里的大山上有两样野生宝贝：野生林蛙和黑木耳。林蛙又名"雪蛤"，因其在寒冬中可冬眠长达5个月之久，因此得名"雪蛤"。雌蛙输卵管里的营养物质，即林蛙油是名贵的食品、补品、药品，具有"滋补益精、养阴润肺、补脑益智"等功效。当地农民利用丰富的山林资源，从20世纪90年代开始围蔽山林，发展放养林蛙产业，新宾县是全国唯一的林蛙之乡。林蛙肉可以食用，林蛙油可以食用和入药。野生黑木耳也是这里独有的一个木耳品种。当地农民采用仿野生生产环境，选取优质黑木耳品种，采用小孔出耳方式，出产的木耳产品不仅具有"单片、小耳、无根"的特点，而且口感好，营养价值高。如今这种木耳已通过了国家地理标志认证，成了辽宁省的地标产品，黑木耳变成了"金木耳"。

(七) 平原地区创业项目的选择

平原是指陆地上海拔高度相对比较小的地区，也指广阔而平坦的陆地。它的主要特点是地势低平、起伏和缓。平原不但广大，而且土地肥沃、水网密布、交通发达，是发展农业专门化和机械化生产的绝好地区，平原地区也是经济文化发展较早较快的地方。

作为创业者，要充分认识平原地区的特点和优势，从而策划自己的事业。如平原土地肥沃，适合发展规模化生产的农业和加工业；交通发达，则运输便利，商品运输成本较低。平原地区经济相对发达，人口较多，服务业相对发达。

2019年的中央一号文件《中共中央　国务院关于坚持农业农村优先发展做好"三农"工作的若干意见》指出，大力发展紧缺和绿色优质农产品生产，推进农业由增产导向转向提质导向。深入推进优质粮食工程。实施大豆振兴计划，多途径扩大种植面积。支持长江流域油菜生产，推进新品种新技术示范推广和全程机械化。积极发展木本油料。实施奶业振兴行动,加强优质奶源基地建设,升级改造中小奶牛养殖场,实施婴幼儿配方奶粉提升行动。合理调整"粮经饲"(粮食作物、经济作物、饲料作物)结构,发展青贮玉米、苜蓿等优质饲草料生产。文件中支持的这些产业和方向都是非常适合平原地区发展的。

第三节　农村创业模式

一、特色产业拉动型模式

特色产业拉动型模式是指围绕特色产业,强化产业链创业创新,沿产业链上中下游,面向产前、产中、产后环节的生产与服务需求,开展创业创新活动,形成大中小企业并立、各类经营主体集聚、产业集群持续壮大的创业生态系统。

其主要特点如下。

1. 产业特色突出地域优势

产业特色立足地区资源特色,通过将特色资源优势转化为特色产业优势,形成农村创业的核心竞争力。

案例:四川省金堂县依托食用菌、黑山羊、油橄榄、柑橘等优新特产业,建立创业基地,为创业者搭建创业平台,积极推进农村创业创新。通过特色产业带动,全县共建成农村双创园区105个、产业基地1 453个,创业人数达3.1万人,带动就业22万人。仅食用菌产业就已建成菌种生产基地2个、50万袋以上标准化基地182个、食用菌加工及物流园区3个、食用菌采摘观光体验基地10个,年产食用菌5.4亿袋,产量40万吨,产值27亿元。

2. 创业创新载体作用明显

创业者依托特色产业进行创业创新,开办各类特产企业和配套企业，为创业者提供更多的创业机会。

案例：福建省安溪县以铁观音茶产业为主导，建成安溪县国家现代农业产业园，涵盖西坪镇、虎邱镇等7个茶叶生产乡镇，园区面积1 154.52平方千米，农村人口42.83万人，茶园23.62万亩，通过产业引领区、技术装备集成区、创业创新孵化区、创业创新示范核心区等建设，实现园区涉茶总产值超90亿元，茶叶种植和产品加工年产值56.18亿元，探索出一条依托本地特色产业带动农户创业创新、实现增收致富的新路。

3. 农村创业创新反促特色产业发展

创业者创业成功后，扩大了特色产业规模，提升了特色产业档次，打造了特色产业品牌，促进了特色产业的发展。可以说农村创业创新与特色产业发展相辅相成，紧密相连。

案例：吉林省长春市双阳区鹿乡镇引导返乡下乡在乡人员从事梅花鹿养殖、加工、营销和休闲旅游，设立鹿产品创业一条街，为创业者提供创业平台，极大地激发了创业者创业活力。全镇从事鹿产品经销业户达到513户，其中返乡创业的农民工开办的经销处224户，鹿产品经纪人发展到2 100多人，年客流量超过100万人次，鹿产品交易总额达20亿元，有力地促进了梅花鹿产业发展。

二、产业融合创新驱动型模式

产业融合创新驱动型模式主要是围绕产业融合形成的新产业、新业态和新模式，开展创业创新活动，加速区域之间、产业之间的资源和要素的流动与重组，推动农业农村发展。

其主要特点如下。

1. 电商聚集融合

通过建设电子商务产业园区，提供电商服务，吸引生产加工企业入驻园区，实现了二三产业融合发展。

案例：福建省安溪县弘桥智谷电子商务产业基地通过免费电商培训，鼓励支持开展电商创业，以电商服务聚集生产企业和创业者，形成了"电子商务+仓储服务+商品集散"的运营模式，吸引了茶叶、铁艺、鞋服和休闲食品产业等众多规模企业和一大批创业者入驻园区创业。

2. 休闲旅游带动融合

休闲旅游产业发展的着力点，就是集聚人流，能够推动一二三产业以及各相关产业的融合和对接。工业旅游、农业旅游、生态旅游、会展旅游、商务旅游、休闲旅游、节事旅游等旅游新业态的出现，正是相关产业融合对接的结果。

案例：四川省郫都区青杠树村遵循"小规模、组团式、生态化、微田园"理念，以川西民居特色为主基调，规划建设9个聚居组团、共9.7万平方米的农民新居，统筹推进乡村建设、产业培育、公共配套、环境优化、社会治理，建设幸福美丽乡村，成为成都及周边市民周末休闲度假的好去处。

3. 行业横向融合

农村行业横向融合，不单单是文旅融合，应该深挖各地亮点，以文促旅，推动农业与健康、教育、金融等产业深度融合。

案例：三浓创咖利用大数据为涉农企业提供咨询、规划、融资等服务，促进区域农村创业创新发展，成功地把工商企业大数据配套服务移植到农村创业创新企业，融合发展出现了城市要素带动乡村发展的新趋势。成都坊田·天空农场立足楼顶平台，发展绿色循环都市农业，既利用了城市楼顶平台的优质资源，又拓展了农业的观光科普体验功能，实现了一二三产业的融合发展，创出一条独特的现代农业发展道路。

三、返乡下乡能人带动型模式

返乡下乡能人带动型模式主要是返乡农民工、高校毕业生及科技人员等返乡下乡人员通过创办、领办企业和合作社等农村新型经营主体，引领带动周边农民创业就业，这是一种近似"能人经济"的创业模式。

其主要特点如下。

1. 能人作用突出

这些创业者有头脑、懂技术、能经营、善管理，一个人创业，引领带动周边人员乃至整村或整乡共同发展。

案例：山西省阳城县皇城村党支部书记、皇城相府集团董事长陈晓拴，带领村民挖掘历史文化，修缮皇城相府，建成国家AAAA级景区；发展休闲观光农业和乡村旅游业，打造"旅游景点+宾馆酒店+文化演艺+农家乐"发展模式，形成了游、购、娱、吃、住、行"一条龙"产业链条，每年接待中外游客200多万人次，旅游综合收入近3亿元，带动了全村经济发展。

2. 示范引领明显

能人创业成功后，带领周边人员创业，把其他创业者聚集在自己周边，开展合作与服务。

案例：北京密农人家农业科技公司总经理孔博，创建密农人家电商平台，经营生鲜农产品，带动68名新农人创业者共同创业，带动300余农户生产种植转型，2016年销售额突破2 600万元。他先后荣获全国农村创业创新优秀带头人、第九届全国农村青年致富带头人、第三十届北京青年五四奖章等荣誉称号。

四、"双创"园区（基地）集群型模式

"双创"园区（基地）集群型模式是以农业企业、园区（基

地)为主的平台载体,为农村创业创新提供见习、实习、实训、咨询、孵化等多种服务的模式。园区能够有效地创造聚集力,通过共享资源、克服外部负效应,带动关联产业的发展,从而有效地推动产业集群的形成。作为企业的重要聚集基地,通过自身的规模、品牌、资源等价值为区域经济发展和企业资本扩张起到巨大的推动作用。

其主要特点如下。

1. 资源聚集度高

"双创"园区借鉴工业园区的做法,实现了园区内要素集中、产业集聚、企业集群、技术集成。

案例:福建省晋江市建设海峡创业园,构建"三创园(创业、创新、创意)"、国际工业设计园、智能装备产业园、陈埭新区创新中心、金井高校科教园5大科技创新载体,聚集创业创新要素,为农业农村各类人才创新创业提供空间。全市拥有众创空间和科技企业孵化器9家,场地面积达10万平方米以上,入驻创业项目和企业超200个。

2. 基础设施条件较好

"双创"园区(基地)基本都实现了"五通一平",建立众创空间及创业孵化基地等涉农孵化器,为创业者提供办公场所或生产设施,创业者入驻即可创业。

案例:长春国信农业投资建设了70万平方米的众创空间及创业孵化基地等涉农孵化器,打造了有机农业种植标准化双创园区、农产品加工示范园区、农业企业孵化园等12个综合性园区,接纳双创人员创业创新,为双创人员服务,提供实习就业创业岗位4 000多个,带动农民就业2 000多人,形成了专业性和综合性孵化器共同发展的良好局面。

3. 政策服务到位

"双创"园区(基地)一般都集成了注册登记、政策咨询、创业培训、财务代理、融资担保、法律服务等服务，能够为创业者解决创业过程中遇到的各种困难和问题。

案例：四川省成都市郫都区出台了《聚集菁蓉镇打造双创高地若干政策》《郫都区菁蓉镇孵化器及众创空间建设运营补贴考核管理办法》等7个系列专项支持政策，集成落实到农村创业创新园区（基地）、众创空间、创业孵化器等，打造菁蓉·成都现代农业创业创新空间，孵化新创企业，为企业提供保姆式服务。2017年涉农双创项目政策扶持资金累计达到1.67亿元，其中农业双创园区道路、沟渠、高标准农田改造、"互联网+物联网"和园区孵化办公条件等基础设施完善项目资金投入1.41亿元。

五、龙头骨干企业带动型模式

龙头骨干企业带动型模式是依托国家或省市级农业产业化重点龙头企业优势，带动当地农村创业创新为企业配套服务，引领当地经济发展。

其主要特点如下。

1. 龙头引领，产业特色鲜明

龙头企业从事的是当地优势或支柱型产业，规模较大，在当地经济发展中起主导作用，是名副其实的领头雁。

案例：河南新郑好想你枣业股份有限公司是一家集红枣种植、加工、冷藏保鲜、科技研发、贸易出口、观光旅游为一体的综合型企业。公司以市场需求为导向，以技术创新为动力，以品牌经营为核心，以科学管理为手段，坚持产品系列化、高端化、健康营养化的战略方针，不断扩大产品的市场占有率和品牌知名度，目前已成为红枣行业规模最大、技术最先进、产品种类最多、销售网络覆盖最全、辐射带动最广、市场占有率最高的龙头企业，带动新郑市把红枣产业作为主导产业发展，成为全市经济发展的航母。

2. 带动创业，配套服务企业

龙头企业采取"公司+农户""公司+家庭农场""公司+合作社+基地"等形式，带动当地创业者创业，为龙头企业提供配套服务或支持主导产业发展。

案例：广东省云浮市新兴县温氏集团主要从事肉猪、肉鸡养殖，采取"公司+农户""公司+家庭农场"模式，带动当地农民创业致富。温氏集团主要负责业务流程上投资额大、技术含量高、风险高的环节，包括饲料生产、种苗供应、销售网络的建设等，农民主要负责养殖环节，双方紧密结合，实现了双赢，形成了创业户和龙头企业互促共进的典型模式。

3. 企业集群，建设创业创新孵化区

在创新与创业的浪潮中，创业创新孵化区成为了一种新的商业模式。它们通过政策集成、资源集聚和服务集中，融合原料生产、加工流通、休闲旅游、电子商务等产业，集成见习、实习、实训、咨询、孵化等服务为一体，具有功能定位准确、管理规范、示范带动能力强等特点。

案例：福建省安溪县现代农业产业园拥有3家国家级龙头企业、5家省级龙头企业，通过发挥企业的带动作用形成农资联购、产品联销、质量联控、植保联防、庄园联建的"五联"梯次合作格局，形成了"龙头企业+合作社+基地+茶农（家庭农场）"的产地利益共同体，累计带动茶叶专业合作社582家，家庭农场131个，农户12万多户。

第五章　把握创业机会

第一节　创业机会概述

一、创业机会的概念

创业机会有几种不同的定义方式。

(1) 创业机会是可以为购买者或使用者创造或增加价值的产品或服务。它具有吸引力、持久性和适时性。

(2) 创业机会允许有高于成本价出售的情况。

(3) 创业机会是一种新的"目的-手段"关系。它能为经济活动引入新产品、新服务、新材料、新市场或新组织方式。

(4) 创业机会主要是指具有较强吸引力的、较为持久的、有利于创业的商业机会，创业者据此可以为客户提供有价值的产品或服务，并同时使创业者自身获益。

综上所述，可以得出较为全面的概念：创业机会是指在市场经济条件下，社会的经济活动过程中形成和产生的一种有利于企业经营成功的因素，是一种带有偶然性并能被经营者认识和利用的契机。它是有吸引力的、较持久的和适时的一种商务活动空间，并最终表现在能够为消费者或客户创造价值或增加价值的产品或服务，同时能为创业者带来回报或实现创业目的。

二、创业机会的特征

(一) 客观性

创业机会是客观存在的,不依赖于人的主观想象,无论创业企业是否意识到,它都会客观存在于一定的社会经济环境之中,尽管有时是企业在创造一些市场机会,但是这些所谓创造的创业机会,其实是早就客观存在的,只是被创业企业最先发现和利用而已。客观存在的创业机会对所有人都是公平的,每个创业者都有可能发现,不存在独占权,在创业者发现创业机会的时候,就要考虑潜在的竞争对手,不能认为发现创业机会就意味着独占,独占创业机会就意味着成功。

(二) 可利用性

创业机会是能为顾客或者是最终用户创造或增加价值的产品服务或业务,能够解决客户的"痛点"。因此,顾客和最终用户愿意支付更多的费用。创业者在选择创业时机时的核心问题是,创办的企业能为顾客或者最终用户提供什么样的价值。

(三) 盈利性

创业机会具有创造超额经济利润的潜力,这包括两个含义:一是盈利性是创业的基本要求,盈利性是创业者创业的基本动机及吸引创业者创业的原动力;二是创业机会的盈利是潜在的,需要通过创业活动把潜在的盈利性转化为现实的盈利性。

(四) 时效性

时效性是指创业机会必须在机会窗口存续的时间内被发现并利用,而机会窗口是指商业想法推广到市场上所花费的时间,如果其他创业者先行一步,以快制胜,占领市场先机,并且一旦把产品推向市场,那么机会窗口也就关闭了,俗话说机不可失,时不再来。如果把握不及时,时过境迁,原有的商业机会就不复存在。创业者在将创业机会转化为商机时,不仅取决于个人的决心,也取决于许多外部环境和内部条件,外部如资源条件,内部如个人的主观决心。因此,创业者应做好各方面的准备工作,一旦发现有价值的创业机会,就应当当机立断抢占市场,实施创业活动。

我们可以用机会窗口理论进行解释,机会窗口是一种隐喻,用于描述进入市场的时间期限。图5-1中的曲线是一条典型的产品或行业市场生命周期曲线,分为3个阶段。阶段1:产品或行业处于发展初期,曲线的坡度比较平缓,市场规模比较小,商机出现的概率不大,机会窗口尚未打开。阶段2:随着时间的推移,产品或行业被越来越多的消费者所认可,市场会高速增长,市场机会也随之越来越多,就如同为创业机会打开了一扇窗户。阶段3:经过一段时间的发展,市场开始成熟,成长的空间开始变得越来越小,机会窗口就会关闭。因此,整个机会窗口的发展过程实际上也是创业机会的生命周期。

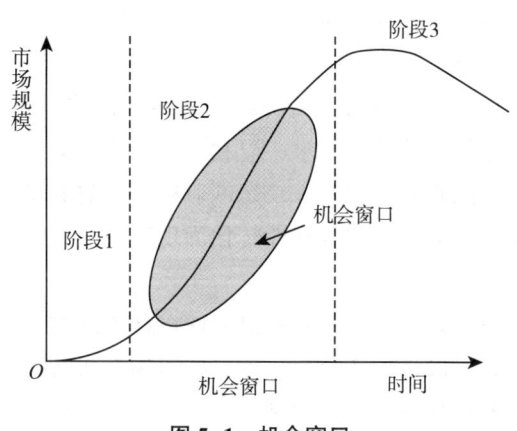

图5-1 机会窗口

机会窗口告诉创业者以下道理:①选择在哪个阶段进入市

场，在很大程度上决定了创业的成败，当机会窗户打开时，进入市场越早，创业成功的可能性越大；②市场规模和机会窗口的长度构成了风险回报的基础，机会窗口敞开，时间的长短对创业成功十分重要；③不同产业存在不同的机会窗口；④动态的产业能够不断地创造市场机会，一个产业的变化越大，创造的市场机会越大，市场进一步偏离均衡状态的程度就越大；⑤适度的前瞻性是创业者所需的素质，因此，创业时机的把握十分重要。

三、创业机会的来源

（一）问题的存在

创业的根本目的是满足顾客需求，而顾客需求在没有满足前就是问题。寻找创业机会的一个重要途径是善于发现和体会自己与他人在需求方面的问题或生活中的难处。

（二）不断变化的环境

创业的机会大都产生于不断变化的市场环境，环境变化了，市场需求、市场结构必然发生变化。这种变化主要来自产业结构的变动、消费结构升级、城市化加速、人们思想观念的变化、政府政策的变化、人口结构的变化、居民收入水平提高、全球化趋势等方面。

（三）创造发明

创造发明提供了新产品、新服务，更好地满足了顾客需求，同时也带来了创业机会。例如，随着电脑的诞生，软件开发、电脑维修、电脑操作的培训、图文制作、信息服务、网上开店等创业机会随之而来。即使自己不发明新的东西，也能成为销售和推广新产品的人，从而给你带来商机。

（四）竞争

如果能弥补竞争对手的缺陷和不足，这也会成为创业机会。

看看周围的公司，你能比他们更快、更可靠、更便宜地提供产品或服务吗？你能做得更好吗？若能，你也许就找到了机会。

（五）新知识、新技术的产生

如果你发现或学到了新知识、新技术，并能运用于社会经济生活实践中解决实际问题或改良现实状况，或许你也找到了创业机会。例如，随着健康知识的普及和技术的进步，围绕"水"就带来了许多创业机会。

第二节　创业机会的识别与选择

一、创业机会的识别

创业机会识别是创业领域的关键问题之一。从创业过程角度来说，它是创业的起点。创业过程就是围绕着机会进行识别、开发、利用的过程。识别正确的创业机会是创业者应当具备的重要技能。创业机会以不同形式出现。在机会识别阶段，创业者需要弄清楚机会在哪里和怎样去寻找。

（一）现有的市场机会

对创业者来说，在现有的市场中发现创业机会是很自然和较经济的选择。一方面，它与我们的生活息息相关，能真实地感觉到市场机会的存在；另一方面，由于总有尚未全部满足的需求，在现有市场中创业，能减少机会的搜寻成本，降低创业风险，有利于成功创业。现有的创业机会存在于不完全竞争下的市场空隙、规模经济下的市场空间、企业集群下的市场空缺等。

1. 不完全竞争下的市场空隙

不完全竞争理论或不完全市场理论认为，企业之间或者产业内部的不完全竞争状态，导致市场存在各种现实需求，大企业不可能完全满足市场需求，必然使中小企业具有市场生存空间。中小企业与大企业互补，满足市场上不同的需求。大中小企业在竞争中生存，市场对产品差异化的需求是大中小企业并存的理由，细分市场及系列化生产使得小企业的存在更有价值。

2. 规模经济下的市场空间

规模经济理论认为，任何行业都存在企业的最佳规模或者最适度规模的问题，超越这个规模，必然导致效率低下和管理成本的增加。产业不同，企业所需要的最经济、最优成本的规模也不同，企业从事的不同行业决定了企业的最佳规模，大小企业最终要适应这一规律，发展适合自身的产业。

3. 企业集群下的市场空缺

企业集群主要指地方企业集群，是一组在地理上靠近的相互联系的公司和关联的结构，它们同处在一个特定的产业领域，由于具有共性和互补性而联系在一起。集群内中小企业彼此间发展高效的竞争与合作关系，形成高度灵活专业化的生产协作网络，具有极强的内生发展动力，依靠不竭的创新能力保持地方产业的竞争优势。

(二) 潜在的市场机会

潜在的创业机会来自新科技应用和人们需求的多样化等。成功的创业者能敏锐地感知社会大众的需求变化，并能够从中捕捉市场机会。新科技应用可能改变人们的工作和生活方式，出现新的市场机会。通信技术的发展，使人们在家里办公成为可能；互联网的出现，改变了人们工作、生活、交友的方式；网络游戏的出现，使成千上万的人痴迷其中、乐此不疲；网上购物、网络教育的快速发展，使信息的获取和共享日益重要。

需求的多样化源自人的本性，人类的欲望是很难完全得到满足的。在细分市场里，可以发掘尚未满足的潜在市场机会。一方面,根据消费潮流的变化,捕捉可能出现的市场机会;另一方面,根据消费者的心理,通过产品和服务的创新,引导需求并满足需求,从而创造一个全新的市场。

二、创业机会的选择

经过创业机会的识别以后,要进行机会的选择。在现实经济生活中,适于创业的机会并不是很多。创业者需要借助"机会选择漏斗",经过一层又一层筛选,在众多机会中筛选出真正适合于自己的创业机会。

(一)要筛选出较好的创业机会

一般而言,较好的创业机会通常有5个特点:一是在前景市场中,前5年中的市场需求会稳步快速增长;二是创业者能够获得利用该机会所需的关键资源;三是创业者不会被锁定在"刚性的创业路径"上,而是可以中途调整创业的"技术路径";四是创业者有可能创造新的市场需求;五是特定机会的商业风险是明朗的,且至少有部分创业者能够承受相应风险。

(二)要筛选出利己的创业机会

面对较好的创业机会,特定的创业者需要回答4个问题:一是创业者能否获得自己缺少,但他人控制的资源;二是遇到竞争对手时,自己是否有能力与之抗衡;三是是否存在该创业者可能创造的新增市场;四是该创业者是否有能力承受利用该机会的各种风险。

第三节 创业机会的评估与把握

一、创业机会的评估

所有的创业行为都来自绝佳的创业机会,创业团队与投资者均对创业前景寄予极高的期望值,创业者更是对创业机会在未来所能带来的丰厚利润满怀信心。但是,时常会有悲剧发生。为了尽量避免这样的情况,创业者应该先以比较客观的方式进行评估,评估的准则有两种。

(一) 市场评估准则

1. 市场定位

评估创业机会的时候,可由市场定位是否明确、顾客需求分析是否清晰、顾客接触通道是否流畅、产品是否持续衍生等来判断创业机会可能创造的市场价值。创业带给顾客的价值越高,创业成功的机会也越大。

2. 市场结构

对创业机会的市场结构进行4项分析:进入障碍,供货商、顾客、经销商的谈判力量,替代性产品的威胁和市场内部竞争的激烈程度。由此可知该企业在未来市场中的地位,以及可能遭遇竞争对手反击的程度。

3. 市场规模

市场规模大者,进入障碍相对较低,市场竞争激烈程度也会略为下降。若要进入的是一个十分成熟的市场,那么利润空间会很小,不值得再进入;若是一个成长中的市场,只要进入时机正确,必然会有获利的空间。

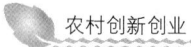

4. 市场渗透力

对于一个具有巨大市场潜力的创业机会,市场渗透力评估将是非常重要的。创业者应该知道选择在最佳的时机进入市场,也就是市场需求正要大幅增长之际。

5. 市场占有率

一般而言,要成为市场的领导者,最少需要拥有20%以上的市场占有率,若低于5%的市场占有率,则这个新企业的市场竞争力不强,自然也会影响未来企业市场的价值。尤其是处在具有赢家通吃特点的高科技产业,新企业必须拥有成为市场前几名的能力,才比较有投资价值。

6. 产品的成本结构

从物料与人工成本所占比重之高低、变动成本与固定成本的比重,以及经济规模产量大小,可以判断企业创造附加价值的幅度,以及未来可能的获利空间。

(二)效益评估准则

1. 合理的税后净利

一般而言,具有吸引力的创业机会至少需要能够创造15%以上的税后净利。如果创业预期的税后净利是在5%以下,那么就不是个很好的投资机会。

2. 达到损益平衡所需的时间

合理的损益平衡时间应该在两年之内达到,如果三年还达不到,恐怕就不是值得投入的创业机会了。当然,有的创业机会确实需要经过比较长的耕耘时间,通过前期投入,克服进入障碍,才能保证后期的持续获利,这种情况可将前期投入视为投资,才能容忍较长的损益平衡时间。

3. 投资回报率

考虑到创业面临的各种风险,合理的投资回报率应该在25%

以上，而 15% 以下的投资回报率是不值得考虑的。

4. 资本需求

资本需求量较低的创业机会，一般会比较受投资者欢迎。资本额过高其实并不利于创业成功，甚至还会带来稀释投资回报率的负面效果。通常，知识越密集的创业机会，对资金的需求量越低，投资回报反而会越高。因此，在创业开始的时候，不要募集太多资金，最好通过盈余积累的方式来创造资金，而比较低的资本额将有利于提高每股盈余，并且还可以进一步提高未来上市的价格。

5. 毛利率

毛利率高的创业机会，相对风险较低，也比较容易取得损益平衡。反之，毛利率低的创业机会，风险则较高，遇到决策失误或市场产生较大变化的时候，企业很容易遭受损失。一般而言，理想的毛利率是 40%，当毛利率低于 20% 的时候，这个创业机会就不值得考虑。

6. 策略性价值

能否创造新企业在市场上的策略性价值，也是一项重要的评价指标。一般而言，策略性价值与产业网络规模、利益机制、竞争程度密切相关，而创业机会对于产业价值链所能创造的附加值效果，也与它所采取的经营策略和经营模式密切相关。

7. 资本市场活力

当新企业处于一个具有高度活力的资本市场时，它的获利回收机会相对也比较高。不过资本市场的变化幅度极大，在市场高点时投入，资金成本较低，筹资相对容易；但在资本市场低点时，投资新企业开发的诱因则较低，好的创业机会也相对较少。不过，对投资者而言，市场低点的成本较低，有的时候反而投资回报会更高。一般而言，新创企业活跃的资本市场比较容易创造增值效果，因此，资本市场活力也是一项可以被用来评价创业机会的外部环境指标。

8. 退出机制与策略

所有投资的目的都在于回收，因此，退出机制与策略就成为评估创业机会的一项重要指标。企业的价值一般也要由具有客观鉴别能力的交易市场来决定，而这种交易机制的完善程度也会影响新企业退出机制的弹性。由于退出的难度普遍要高于进入的难度，所以一个具有吸引力的创业机会，应该要为所有投资者考虑退出机制和退出的策略规划。

二、创业机会的把握

创业者不仅要善于发现机会、评估机会，更要把握机会并果敢行动，将机会变成现实，这样才有可能在最恰当的时候出击，获得成功。把握创业机会，应注意以下几点。

（一）着眼于问题把握机会

机会并不意味着无需代价就能获得，许多成功的企业都是从解决问题起步的。问题，就是现实与理想的差距。顾客需求在没有满足之前就是问题，而设法满足这一需求，就抓住了市场机会。

（二）利用变化把握机会

变化中常常蕴藏着无限商机，许多创业机会产生于不断变化的市场环境。环境变化将带来产业结构的调整、消费结构的升级、思想观念的转变、政府政策的变化、居民收入水平的提高。人们通过这些变化，就会发现新的机会。

（三）跟踪技术创新把握机会

世界产业发展的历史告诉我们，几乎每一个新兴产业的形成和发展，都是技术创新的结果。产业的变更或产品的替代，既满足了顾客需求，同时也带来了前所未有的创业机会。

（四）在市场夹缝中把握机会

创业机会存在于为顾客创造有价值的产品或服务中，而顾客的需求是有差异的。创业者要善于找出顾客的特殊需要，盯住顾客的个性需要并认真研究其需求特征，这样就可能发现和把握商机。

（五）捕捉政策变化把握机会

我国市场受政策影响很大，新政策出台往往引发新商机。如果创业者善于研究和利用政策，就能抓住商机。

（六）弥补对手缺陷把握机会

很多创业机会是源于竞争对手的失误而"意外"获得的。如果能及时抓住竞争对手策略中的漏洞而大做文章，或者能比竞争对手更快、更可靠、更便宜地提供产品或服务，也许就找到了机会。

第六章 准备创业资金

第一节 创业资金的估算

准备启动资金是创业的关键环节。启动资金究竟需要多少，在创业项目实施前，要对其进行估算。只有经过认真估算，才能做到心中有数，保证创业活动的顺利开展。对职业农民创业者来说，创业资金的估算主要包括资产费用、周转资金和风险资金3个方面。

一、资产费用的估算

农民创业者应根据创业项目的产品或服务对象、建设规模、工艺水平、技术要求、营销策略、主要销售方式和营销渠道等，对项目投入可能需要的资产费用进行估算。资产费用估算，一般包括拆迁征地补偿、土建工程、设备购置、安装费用及其他配套工程或附属工程费用，生产前的技术、管理人员培训，各种资本支出和流动资产投入，项目在运营期内的各种运营费用、维护费用的预测等。

估算时如果低估了资金需求，在开始有收益前，可能就已经用光了运营资金；如果高估了资金需求，又可能无法筹集到足够的资金而影响项目的启动，即使筹集资金到位，也会增加利息支出，提高了创业的生产经营成本。因此，创业者在估算创业资金

第六章 准备创业资金

时，一定要控制在合理的范围内，不能只为利益所诱惑，而不计成本地投入。只有这样，农民创业才能由小到大、由弱变强，健康成长。

二、周转资金的估算

周转资金也称为流动资金，是创业项目在运转过程中所需要支付的资金。创业项目一般要在运转一段时间后才能有收入，所以运行一个项目，要准备能支付三四个月的经营周转资金，包括人员工资、差旅费、办公费、材料费、广告费、维修费、水电气费、清洁环保费、税费以及分期偿还的借款等。如果是创办农产品加工厂，除了以上的一些费用外，还要对占压在半成品、产成品、原材料等上面的资金进行估算。而且要预留一定的突发事件处理金，以解决企业在生产经营中发生的不可预见的问题。

三、风险资金的估算

在激烈的市场竞争中，创业者某一方面或某个环节在运行中出现问题都有可能使风险转变为损失，导致企业陷入困境甚至破产。企业财务风险主要来源于筹资风险、投资风险、现金流量风险、外汇风险等。主要影响因素是：资金利润率不高、债权不安全两个方面。农业创业项目还有可能面临自然资源风险、自然灾害风险、技术风险、市场风险等带来的风险损失。因此，在估算创业资金时，要对创业资金的使用做好统筹安排，充分考虑将要遇到的困难，预留风险资金，做到有备无患，有的放矢。

第二节 创业资金的筹措

职业农民创业者创业，除了做好一些基本工作之外，重要的是创业资金的筹措。拥有的资金越多，可选择的余地就越大，成功的机会就越多。而没有资金，一切就无从谈起。筹措资金的方法多种多样，比较常见的有以下几种。

一、自有资金

创业者在创业初期，更多的是依赖于自有资金，而且，只有拥有一定的自有资金，才有可能从外部引入资金，尤其是银行贷款。

外部资金的供给者普遍认为，如果创业者自己不投入资金，完全靠贷款等方式从外部获得资金，那么创业者就不可能对企业的经营尽心尽力。一位资深的银行贷款项目负责人毫不掩饰地说："我们要企业拥有足够的资金，只有这样，在企业陷入困境的时候，经营者才会想方设法去解决问题，而不是将烂摊子扔给银行一走了之。"至于自有资金的数量，外部资金供给者主要是看创业者投入的资金占其全部可用资金的比例，而不是资金的绝对数量。很显然，一位创业者如果把自己绝大部分的可用资金投入到即将创办的企业，就标志着创业者对自己的企业充满信心，并意味着创业者将为企业的成功付出全部的努力。这样的企业才有成功、发展的可能，外部资金供给者的资金风险就可能降至最低。

另外，创业者自己投入资金的水平还取决于自己和外部资金供给者谈判时所处的谈判地位。如果创业者在某项技术或某种产品方面具有大家认同的巨大市场价值，创业者就有权自行决定自有资金的投入水平。

二、亲戚和朋友的投入

在创业初期，如果技术不成熟，销售不稳定，生产经营存在

第六章　准备创业资金

很多的变数,企业没有利润或者利润甚微,而且由于需要的资金量较少,则对银行和其他金融机构来说缺乏规模效益,此时,外界投资者很少愿意涉足这一阶段的融资。因此,在这一阶段,除了创业者本人,亲戚或朋友的投入就是最主要的资金来源。

但是,从亲戚和朋友那里筹集资金也存在不少缺点,至少包括以下4个方面。

(1) 他们可能不愿意或是没有能力借钱给创业者,往往碍于情面而不得不借。

(2) 在他们需要用钱的时候,他们可能因创业者的企业出现资金紧张而不好意思开口要求归还,或者创业者实在拿不出钱来归还。

(3) 创业者的借款有可能危害到家庭内的亲情以及朋友之间的友情,一旦出现问题,可能连亲戚朋友都做不成。

(4) 如果亲戚或朋友要求取得股东地位,就会分散创业者的控制权,若再提出相应的权益甚至特权要求,就有可能对雇员、设施或利润产生负面影响。例如,有雇员可能觉得企业里到处都是裙带关系,使同事关系、工作关系的处理异常复杂,即使自己能力再强,也很难有用武之地,逐渐萌生去意;亲戚或朋友往往利用某种特殊关系随意免费使用企业的车辆,公车变成了私车。

一般来说,亲戚朋友不会是制造麻烦的投资者。事实上,创业者往往找一些志同道合,并且在企业经营上有互补性的朋友入股并直接参与经营管理,从而为企业建立一支高素质的经营管理团队,以保证企业的发展。

为了尽可能减少亲戚朋友关系在融资过程中出现问题,或者即使出现问题也能减少对亲戚朋友关系的负面影响,有必要签订一份融资协议。所有融资的细节(包括融资的数量、期限和利率、资金运用的限制、投资人的权利和义务、财产的清算等），最终都必须达成协议。这样既有利于避免将来出现矛盾，也有利于解决可能出现的纠纷。完善各项规章制度，严格管理，必须以公事公办的态度将亲戚朋友与不熟悉的投资者的资金同等对待。任何贷款必须明确利率、期限以及本息的偿还计划。利息和红利必须按期发放，应该言而有信。

亲戚和朋友对创业者可能提供直接的资金支持，也可能出面提供融资担保以便帮助创业者获得所需要的资金，这对创业者来说同等重要。

三、银行贷款

银行很少向初创企业提供资金支持，因为风险太大。但是，在创业者能提供担保的情况下，商业银行是初创企业获得短期资金最常见的融资渠道。如果在企业的生产经营步入正轨，进入成长阶段的时候，银行也愿意为企业提供资金。所以有人认为，银行应视为一种企业成长融资的来源。

1. 银行贷款类型

商业银行提供的贷款种类可以根据不同的标准划分。我国目前的主要划分方式有以下两种。

（1）按照贷款的期限划分为短期贷款、中期贷款和长期贷款。在用途上，短期贷款主要用于补充企业流动资金的不足；中、长期贷款主要用于固定资产和技术改造、科技开发的投入。在期限上，短期贷款在 1 年以内；中期贷款在 1 年以上 5 年以下；长期贷款在 5 年以上。短期贷款利率相对较低，但是不能长期使用，短期内就需要归还；中、长期贷款利率相对较高，但短期内不需要考虑归还的问题。企业应该根据自己的需要，合理确定贷款的期限。但有一点必须遵守的是：不能将短期贷款用于中、长期投资项目，否则企业将可能面临无法归还到期贷款的尴尬局面，有损企业的信誉。在创业初期，企业从银行获得的贷款主要是短期贷款或中期贷款。

（2）按照贷款保全方式划分为信用贷款和担保贷款。信用贷款是指根据借款人的信誉发放的贷款。担保贷款又可以根据提供的担保方式不同分为保证贷款、抵押贷款和质押贷款。保证贷款是指以第三人承诺在借款人不能归还贷款时按约定承担一般责任或连带责任为前提而发放的贷款。抵押贷款是指以借款人或第三人的财产作为抵押物而发放的贷款。质押贷款是指以借款人或第三人的动产或权利作为质押物而发放的贷款。在创业初期，企业从银行获得贷款绝大部分都要求提供银行认可的担保。

2. 农村银行金融机构

农村银行业金融机构，主要包括农业银行及其分支机构、农业发展银行及其分支机构、农业商业银行在县域内的分支网点、农村合作银行、农村信用合作社、邮政储蓄银行、村镇银行等金融机构。

（1）中国农业银行。中国农业银行致力于建设面向"三农"、城乡联动、融入国际、服务多元的一流商业银行。中国农业银行凭借全面的业务组合、庞大的分销网络和领先的技术平台，向广大客户提供各种公司银行、零售银行产品和服务，同时开展自营及代客资金业务，业务范围还涵盖投资银行、基金管理、金融租赁、人寿保险等领域。

（2）中国农业发展银行。中国农业发展银行的主要任务是：按照国家的法律、法规和方针、政策，以国家信用为基础，筹集农业政策性信贷资金，承担国家规定的农业政策性和经批准开办的涉农商业性金融业务，代理财政性支农资金的拨付，为农业和农村经济发展服务。中国农业发展银行在业务上接受中国人民银行和中国银行业监督管理委员会的指导与监督。中国农业发展银行的业务范围，由国家根据国民经济发展和宏观调控的需要并考虑到中国农业发展银行的承办能力来界定。中国农业发展银行自成立以来，国务院对其业务范围进行过多次调整。

（3）农村商业银行。农村商业银行是由辖内农民、农村工商户、企业法人和其他经济组织共同入股组成的股份制的地方性金融机构。在经济比较发达、城乡一体化程度较高的地区，"三农"的概念已经发生很大的变化，农业比重很低，有些甚至占5%以下，作为信用社服务对象的农民，虽然身份没有变化，但大都不再从事以传统种养耕作为主的农业生产和劳动，对支农服务的要求较少，信用社实际也已经实行商业化经营。对这些地区的信用社，可以实行股份制改造，组建农村商业银行。

（4）农村合作银行。农村合作银行是由辖内农民、农村工商户、企业法人和其他经济组织入股，在合作制的基础上，吸收股份制运作机制组成的股份合作制的社区性地方金融机构。股份合作制这种产权制度，既不是传统意义上的合作制，也不是现代意义上的股份制，而是合作制与股份制的有机结合。

（5）农村信用合作社。农村信用合作社是银行类金融机构。所谓银行类金融机构又叫作存款机构和存款货币银行，其共同特征是以吸收存款为主要负债，以发放贷款为主要资产，以办理转账结算为主要中间业务，直接参与存款货币的创造过程。

农村信用合作社又是信用合作机构。信用合作机构是由个人集资联合组成的、以互助为主要宗旨的合作金融机构，简称"信用社"，以互助、自助为目的，在社员中开展存款、放款业务。信用社的建立与自然经济、小商品经济发展直接相关。由于农业生产者和小商品生产者对资金的需要存在季节性、零散、小数额、小规模等特点，使小生产者和农民很难得到银行贷款的支

第六章　准备创业资金

持，但客观上生产和流通的发展又必须解决资金不足的困难，于是就出现了这种以缴纳股金和存款方式建立的互助、自助的信用组织。

农村信用合作社是由农民入股组成，实行入股社员民主管理，主要为入股社员服务的合作金融组织，是经中国人民银行依法批准设立的合法金融机构。农村信用社是中国金融体系的重要组成部分，其主要任务是筹集农村闲散资金，为农业、农民和农村经济发展提供金融服务。同时，组织和调节农村基金，支持农业生产和农村综合发展，支持各种形式的合作经济和社员家庭经济，限制和打击高利贷。

（6）中国邮政储蓄银行。中国邮政储蓄银行于2007年3月20日正式挂牌成立，是在改革邮政储蓄管理体制的基础上组建的商业银行。中国邮政储蓄银行承继原国家邮政局、中国邮政集团公司经营的邮政金融业务及因此而形成的资产和负债，并将继续从事原经营范围和业务许可文件批准、核准的业务。2012年2月27日，中国邮政储蓄银行发布公告称，经国务院同意，中国邮政储蓄银行有限责任公司于2002年1月21日依法整体变更为中国邮政储蓄银行股份有限公司。

3. 贷款的条件

贷款人申请贷款时应该提供以下几个基本问题的答案：贷款数量、贷款理由、贷款时间长短、如何偿还贷款等。

贷款数量首先应该根据自己的实际需要来确定，太少会影响企业的经营运作，太多又会造成浪费，还要承担高额的利息负担；其次应该根据自有资金的多少来决定。如果某一笔贷款超过企业资产的50%，这个企业实质上将更多地属于银行而不属于贷款人。银行一般希望贷款人投入更多的自有资金。第一，投入更多的自有资金会使所有者对企业更加负责，更有责任感，因为企业失败的话，损失最大的是所有者。第二，如果企业没有足够的资金，也没有其他投资者愿意投入资金，这只能说明所有者和其他潜在投资者都缺乏信心，要么企业没有价值，要么经营者缺乏经营技巧，而这些对一家企业的成功是非常重要的。第三，银行想在企业一旦破产的情况下保护自己的利益。当企业破产倒闭时，债权人可以通过法院的清算来索取属于自己的权益，也就是分配企业的破产财产。所有者投入的资金越多，债权人的权益就越能得到保障。

贷款理由主要是指贷款获得的资金准备用来做什么。明确贷款用途，有利于银行尽快审批。如果用于购买固定资产等资本性支出，即使企业破产还能回收或出售该资产，银行较愿意提供贷款；如果用于支付水电费、人员工资、租金等收益性支出，银行可能不太情愿。同时，银行会要求企业按照贷款合同规定的用途使用资金。企业一旦违背合同，银行会要求提前终止合同。

贷款时间长短与贷款的理由有密切联系。如果贷款资金准备用于购买固定资产等长期资产，贷款的期限往往较长，属于中、长期贷款，但是贷款期限很少会超过这类资产的预期使用寿命。如果贷款资金用于购买原材料、支付应付账款等，贷款期限往往只有几个月，也就是补充流动资金的不足。银行很少会发放超过5年的贷款，除非用于购置房屋等建筑物，所以贷款人不得不向银行证明企业有能力在5年内偿还贷款。

如何偿还贷款就是指企业准备采用什么方式来偿还。具体来说，就是采用分期还本付息、先分期付息后一次性还本，还是到期一次性还本付息。

从银行获得贷款后必须记住下面3点。一是应该为企业的资产购买保险，这样，即使出现火灾等意外损失也能从保险公司得到补偿。二是必须严格按照借款合同的规定使用贷款资金；银行会要求企业定期提供反映企业财务情况的可靠的财务报表，银行也可能要求企业在处置重要资产前先经过银行的同意。三是应该保持足够的流动资金（如现金、存货、应收账款等），确保良好的清偿能力，避免因无力清偿而损害企业的声誉。

4. 担保贷款

初创企业向银行申请贷款，几乎无一例外都被要求提供适当担保。如果企业是一家独资企业或合伙企业，银行还会要求各出资人提供自己的财产情况。如果到期企业不能偿还所借款项及利息，银行除了要求对企业采取法律行动以外，还要求出资人偿还该笔贷款及利息。如果企业设立为有限责任公司或股份有限公司，银行也可能要求主要股东提供个人的财产情况，甚至要求主要股东以个人名义签署贷款，而不是直接借给公司。这样的做法和独资企业或合伙企业类似，将会形成个人的负债，最终由个人承担无限责任。这就需要股东个人以其所拥有的全部财产为企业的融资提供担保。

通常，向银行申请贷款提供的担保方式主要有以下 3 种。

（1）保证。保证是由第三人（保证人）为借款人的贷款履行作担保，由保证人和债权人（银行）约定，当借款人不能归还到期贷款本金和利息时，保证人按照约定归还本息或承担责任。具体的保证方式有两种：一种是一般保证，另一种是连带责任保证。保证人和债权人（银行）在保证合同中约定，借款人不能归还到期贷款本金和利息时，由保证人承担保证责任的，为一般保证。一般保证的保证人在借款合同纠纷未经审判或者仲裁，并在借款人财产依法强制执行仍不能偿还本息前，对债权人（银行）可以拒绝承担保证责任。保证人和债权人（银行）在保证合同中约定保证人与借款人对贷款本息承担连带责任的，为连带责任保证。连带责任保证的借款人在借款合同规定的归还本息的期限届满没有归还的，债权人（银行）可以要求借款人履行，也可以要求保证人在其保证范围内承担保证责任。

在保证合同中对保证方式没有约定或约定不明确的，按照连带责任保证承担保证责任。保证人可以是符合法律规定的个人、法人或其他组织。不过，银行对个人提供担保的，往往要求由公务员或事业单位工作人员等有固定收入的人来担保，并且不管是谁提供担保，银行都会先进行担保人的资质审查，符合银行要求的才能成为保证人。一般情况下，银行都会要求采取连带责任保证方式进行担保，以避免烦琐的程序。

（2）抵押。抵押是指借款人或者第三人不转移对其确定的财产的占有，将其财产作为贷款的担保。当借款人不能按期归还借款本息时，债权人（银行）有权依照法律的规定，以该财产折价或者以拍卖、变卖该财产的价款优先受偿。借款人或第三人只能以法律规定的可以抵押的财产提供担保；法律规定不可以抵押的财产，借款人或第三人不得用于提供担保。银行一般要求借款人或者第三人提供房屋等不动产作为贷款的担保，这一类抵押合同需要去房地产管理部门办理登记手续，否则抵押合同无效。

（3）质押。质押包括权利质押和动产质押。权利质押是指借款人或者第三人以汇票、本票、债券、存款单、仓单、提单，依法可以转让的股份、股票，依法可以转让的商标专用权、专利权、著作权中的财产权，依法可以质押的其他权利作为质权标的担保。动产质押是指借款人或者第三人将其动产移交债权人（银行）占有，将该动产作为贷款的担保。同样，依据法律规定，借款人不能归还到期借款本息时，银行有权以该权利或动产拍卖、变卖的价款优先受偿。在实际操作中，银行一般要求以股份、债券、定期存款单等作为担保，而且若用于质押的股票价格大跌，银行随时可要求借款人提供额外担保。

四、非银行金融机构

非银行金融机构主要有融资租赁公司、小额贷款公司、农村资金互助社和大银行设立的全资贷款公司等金融机构。对处于起步期、成长期的中小企业而言，随着我国金融体制改革的不断深入，非银行金融机构将能够为其提供范围更广的融资方式。

1. 融资租赁公司

融资租赁作为近年来快速发展的金融服务模式，在满足目前"三农"领域的融资需求上具有极大的优势和发展空间。与传统贷款业务相比，融资租赁与特定租赁物结合，更看重承租人的未来收益和可持续性，具有门槛低、程序便捷、产品量身定做等特点，缓解了"三农"发展融资难的问题。

融资租赁是由承租人向出租人融通资金引进设备再租给用户使用的方式。融资租赁租金的构成有设备价款、融资成本、租赁手续费等。融资租赁的优点是筹资速度快、限制条款少、设备淘汰风险小、到期还本负担轻等；缺点是资金成本过高。

2. 小额贷款公司

小额贷款公司是由自然人、企业法人与其社会组织投资设立，不吸收公众存款，只经营小额贷款业务的有限责任公司或股份有限公司。与银行相比，小额贷款公司更为便捷、迅速，适合中小企业、个体工商户的资金需求；与民间借贷相比，小额贷款更加规范，贷款利息可双方协商。

小额贷款公司是企业法人，有独立的法人财产，享有法人财产权，以全部财产对其债务承担民事责任。小额贷款公司股东依法享有资产收益、参与重大决策和选择管理者等权利，以其认缴的出资额或认购的股份为限对公司承担责任。

小额贷款公司应遵守国家法律、行政法规，执行国家金融方针和政策，执行金融企业财务准则和会计制度，依法接受各级政府及相关部门的监督管理。

小额贷款公司应执行国家金融方针和政策，在法律、法规规定的范围内开展业务，自主经营、自负盈亏、自我约束、自担风险，其合法的经营活动受法律保护，不受任何单位和个人的干涉。

申请小额贷款步骤如下。

（1）申请受理。借款人将小额贷款申请提交给小额贷款公司之后，由经办人员向借款人介绍小额贷款的申请条件、期限等，同时对借款人的条件、资格及申请材料进行初审。

（2）再审核。经办人员根据有关规定，采取合理的手段对客户提交材料的真实性进行审核，评价申请人的还款能力和还款意愿。

（3）审批。由有权审批人根据客户的信用等级、经济情况、信用情况和保证情况，最终审批确定客户的综合授信额度和额度有效期。

（4）发放。在落实了放款条件之后，客户根据用款需求，随时向小额贷款公司申请支用额度。

（5）贷后管理。小额贷款公司按照贷款管理的有关规定对借款人的收入状况、贷款的使用情况等进行监督检查，检查结果要有书面记录，并归档保存。

（6）贷款回收。根据借款合同约定的还款计划、还款日期，借款人在还款到期日时，及时足额偿还本息，到此小额贷款流程结束。

3. 农村资金互助社

农村资金互助社是指经银行业监督管理机构批准，由乡（镇）、行政村农民和农村小企业自愿入股组成，为社员提供存

第六章 准备创业资金

款、贷款、结算等业务的社区互助性银行业金融机构。

农村资金互助社实行社员民主管理，以服务社员为宗旨，谋求社员共同利益。

农村资金互助社是独立的法人，对社员股金、积累及合法取得的其他资产所形成的法人财产，享有占有、使用、收益和处分的权利，并以上述财产对债务承担责任。

农村资金互助社的合法权益和依法开展经营活动受法律保护，任何单位和个人不得侵犯。农村资金互助社社员以其社员股金和在本社的社员积累为限对该社承担责任。

农村资金互助社从事经营活动，应遵守有关法律法规和国家金融方针政策，诚实守信，审慎经营，依法接受银行业监督管理机构的监管。

4. 全资贷款公司

贷款公司是指经中国银行业监督管理委员会依据有关法律、法规批准，由境内商业银行或农村合作银行在农村地区设立的、专门为县域农民、农业和农村经济发展提供贷款服务的非银行业金融机构。全资贷款公司是由境内商业银行或农村合作银行全额出资的有限责任公司。

企业贷款可分为：流动资金贷款、固定资产贷款、信用贷款、担保贷款、股票质押贷款、外汇质押贷款、单位定期存单质押贷款、黄金质押贷款、银团贷款、银行承兑汇票、银行承兑汇票贴现、商业承兑汇票贴现、买方或协议付息票据贴现、有追索权国内保理、出口退税账户托管贷款。

贷款公司必须坚持为农民、农业和农村经济发展服务的经营宗旨，贷款的投向主要用于支持农民、农业和农村经济发展。

（1）在资金来源方面，贷款公司不得吸收公众存款，其营运资金仅为实收资本和向投资人的借款。

（2）在资金运用方面，仅限于办理贷款业务、票据贴现、资产转让业务以及因办理贷款业务而派生的结算事项。

（3）在贷款的发放原则方面，要求贷款公司应当坚持小额、分散的原则，提高贷款覆盖面，防止贷款过度集中。

（4）在审慎经营的要求方面，明确规定，贷款公司对同一借款人的贷款余额不得超过资本净额的 10%，对单一集团企业客户的授信余额不得超过资本净额的 15%。

五、用好现有政策

政府为了支持农业的发展，提高农民的经济收入和生活水平，推动农村的可持续发展而对农业、农民和农村给予了一些政策倾斜和优惠，选择国家政策鼓励和支持的农业创业项目，并得到政府在有关专项上的支持和扶持，是职业农民创业项目资金筹措的一个重要渠道。

1. 农业补贴政策

一直以来，国家都非常重视农村农业的发展，并出台了许多农业补贴政策。职业农民创业者可以充分利用好农业补贴政策，解决创业之初的资金问题。

2016年起，在全国全面推开农业"三项补贴"改革，即将农作物良种补贴、种粮农民直接补贴和农资综合补贴"三项补贴"合并为农业支持保护补贴，政策目标调整为支持耕地地力保护和粮食适度规模经营，为种粮大户等农业规模化种植经营群体提供补贴，通过这些群体带动农业发展，带动农民增收。耕地地力保护补贴对象原则上为拥有耕地承包权的种地农民。补贴资金通过"一卡（折）通"方式直接兑现到户。具体补贴依据、补贴条件、补贴标准由各省、自治区、直辖市、计划单列市财政厅（局）及农业（农牧、农村经济）厅（局、委员会）按照《财

政部 农业部关于全面推开农业"三项补贴"改革工作的通知》（财农〔2016〕26号）要求、结合本地实际具体确定。鼓励各地创新方式方法，以绿色生态为导向，提供农作物秸秆综合利用水平，引导农民综合采取秸秆还田、深松整地、减少化肥农药用量、使用有机肥等措施，切实加强农业生态资源保护，自觉提升耕地地力。

目前粮食适度规模经营补贴政策已经开展，但由于各地补贴标准不一致，所以各地领取补贴的数额也不一样，甚至一些省份将这些资金用来给予新型农业主体贷款贴息，或者给予相关的农机购置补贴，就没有直接发放现金，但依然有一些省份是通过现金发放。

2. 农业专项资金

农业专项资金是指由地方本级财政预算内、外安排，上级财政和主管部门拨入，国内外银行贷款、国际金融机构援贷项目投入，以及农业有关职能部门专门用于发展农业生产、繁荣农村经济、提高农民收入的各项资金，主要包括农业发展基金、林业资金、农业开发资金、农业科技推广资金、支农周转金、扶贫资金、水利建设资金和援贷款项目资金等。

近年来，我国中央和地方政府开列的农业专项资金众多，且根据年度农业生产发展形势，不断进行调整和优化。主要包括以下几种类型：种养业良种体系建设资金、新型农民科技培训资金、农业科技创新与应用体系建设资金、农产品质量安全体系建设资金、农业信息与农产品市场体系建设资金、农业资源与生态环境保护体系建设资金、农业社会化服务与管理体系建设资金、粮食综合生产能力增强行动资金、健康养殖业推进行动资金、重大动物疫病防控行动资金、疫病虫害防治补助资金等。

农业专项资金种类繁多，且每年都会有变化。在创业过程中，农业创业者要根据创业项目的类型，及时关注国家和地方政府的农业专项资金政策，争取得到专项资金的支持。

3. 金融信贷扶持和贴息政策

目前，金融信贷扶持和贴息政策主要聚焦的重点领域是支持农村创业创新，着力支持建设各类现代农业产业园、农业科技园、农民创业园，支持创业创新示范基地、创业孵化基地、创客服务平台等体系建设；支持返乡创业培训实习基地、农民职业技能培训基地、培训创业扶贫一体化等基地建设；支持以农牧（农林、农渔）结合、循环可持续为导向，发展优质高效绿色农业的工程及项目，支持产业链条健全、功能拓展充分、业态新颖的新产业和新业态，鼓励和扶持创业基础好、能力强的返乡下乡本乡人员大力开发乡土乡韵乡情潜在价值，发展休闲农业、乡村旅游、农村电商等新兴产业，提升农业价值链，拓宽农村创业创新领域。

在小额担保贷款财政贴息资金管理上，财政部、人力资源和社会保障部、中国人民银行也有相关规定。例如，财政贴息资金支持对象包括符合规定条件的城镇登记失业人员、就业困难人员（一般指大龄、身有残疾、享受最低生活保障、连续失业一年以上，以及因失去土地等原因难以实现就业的人员）、复员转业退役军人、高校毕业生、刑释解教人员，以及符合规定条件的劳动密集型小企业。上述人员中，对符合规定条件的残疾人、高校毕业生、农村妇女申请小额担保贷款财政贴息资金，可以适度给予重点支持。

各地区根据国家的有关政策均制定了本地区的金融信贷扶持和贴息政策，详细情况可以到本地人力资源和社会保障部门、财政部门、农业部门等咨询。

4. 金融支农政策

随着农业现代化进程的加快，种养大户、家庭农场、合作社等规模化、集约化新型农业经营主体的快速发展，商品化生产和产业化经营的特点日益凸显，无论是固定资产投入，还是流动资金需求，农业农村经济发展对金融资本更加依赖，"贷款难""贷款贵"的老大难问题已经到了非解决不可的地步。

国务院发布的《推进普惠金融发展规划（2016—2020年）》指出，要提高金融服务的可得性。大幅改善对城镇低收入人群、困难人群以及农村贫困人口、创业农民、创业大中专学生、残疾劳动者等初始创业者的金融支持，完善对特殊群体的无障碍金融服务。加大对新业态、新模式、新主体的金融支持。提高小微企业和农户贷款覆盖率。提高小微企业信用保险和贷款保证保险覆盖率，力争使农业保险参保农户覆盖率提升。继续完善农业银行"三农金融事业部"管理体制和运行机制，进一步提升"三农"金融服务水平。引导邮政储蓄银行稳步发展小额涉农贷款业务，逐步扩大涉农业务范围。鼓励全国性股份制商业银行、城市商业银行和民营银行扎根基层、服务社区，为小微企业、"三农"和城镇居民提供更有针对性、更加便利的金融服务。

第三节 创业资金的管理

一、注册资金

注册资金就是企业全部财产的货币表现，是企业从事生产经营活动的物质基础，是登记主管机关核定经营范围和方式的主要依据。

不同类型的企业对注册资金的要求不一样。有些企业类型，如股份有限公司有最低注册资金的要求，有些企业类型需要注册资金实缴到位。大部分人注册的是有限责任公司，目前有限责任公司的注册资金不需要立刻实缴到位。具体注册资金，要根据自己所从事的行业和项目进行选择，5万元、10万元、50万元、100万元都可以。

二、利润分配

获得收益是每个投资商的投资目的。创业企业在进行股利分配时，要站在企业战略发展的角度，重视投资商对投资利益的关切，更要重视企业长远战略发展。正确处理眼前利益与长远利益的关系，切不可杀鸡取卵、急功近利。要正确分析企业自身状况，选择适当的股利分配政策，既能满足企业发展的需要，又能获得投资者的理解和满意。一般认为初创期企业收益水平低且现金流量不稳定，实行低股利政策或零股利政策往往是较明智的选择。

三、风险控制

创业初期往往头绪多、事务杂，财务管理方面缺乏制度规范、随意性较大等是常常出现的问题。要解决创业期企业财务管理上存在的问题，必须正视和分析存在问题的种种原因，建立健全财务管理制度体系和运行机制，发挥财务管理内部控制的应有职能，实现财务管理的目标。

四、资金增补

营运资金管理是通过对创业企业资金的使用进行有效控制，达到使用合理、运转高效的目的，是创业企业财务管理的重要内容。通过按月编制营运资金分析表可以有效地控制营运资金。要

第六章 准备创业资金

经常做好资金拥有量和资金占用量差额分析,发现营运资金不足时,应及时采取相应的资金弥补措施,避免资金原因影响创业企业工作进展。

第四节 核算项目的投入收益

一、投入

1. 启动资金

启动资金,是指用来支付场地(土地和建筑)、办公家具和设备、机器、原材料和商品库存、开业前广告和促销、工资以及水电费和电话费等费用。简言之,启动资金就是能够维持企业正常运转的基本资金。企业只要能够正常运转,启动资金占用的越少越好。启动资金可以归为两类。

固定资产,是指为企业购买的价值较高、使用寿命较长的资产。有的企业用很少投资就能开办,而有的却需要大量的投资才能启动。明智的做法是,把必要的投资降到最低限度,让企业少担些风险。然而,每个企业开办时总会有一些投资,并且不同类型的企业启动资金占用的多少和比例也不尽相同。

流动资金,是指维持企业日常正常运转所需要支出的资金。包括现金、存货(材料、在制品及成品)、应收账款、有价证券、预付款等项目。

企业支付给职工的工资,从企业生产资金周转的角度看,同企业购买原材料等所支付的费用一样,也是一次全部转入成本,并通过产品销售收回来,再用来支付下一次工资。周转方式与流动资金相同。因此,也包括在企业的流动资金中。某些简单工具按性质虽属劳动手段,但因价值或使用时间短,为便于管理,作为低值易耗品也列入流动资金。企业流动资金按其所处的领域分为生产领域的流动资金和流通领域的流动资金。前者又可分为储备资金与生产资金，后者又可分为货币资金与商品资金。流动资金在生产资金中占有很大比重，在食品工业中要占 2/3 以上。节约流动资金对于降低物资消耗、降低产品成本、提高企业经济效益具有重要意义。节约流动资金的主要途径是降低原材料储备、综合利用原材料、降低单位产品的物资消耗与工资含量、缩短产品的生产时间与流通时间等。

2. 固定资产

固定资产是指企业为生产产品、提供劳务、出租或者经营管理而持有的、使用时间超过一年的，价值达到一定标准的非货币性资产，包括房屋、建筑物、机器、机械、运输工具以及其他与生产经营活动有关的设备、器具、工具等。固定资产是企业的劳动手段，也是企业赖以生产经营的主要资产。开办企业时，必须具备这部分资金，而且需要今后多个营业周期的经营才会收回。因此，在开办企业之前，有必要预算一下企业投资到底需要多少资金，这是开办企业必须首先具备的。

企业投资一般可以分为两类：企业的场所和必备的设备。

(1) 场所。办企业都需要有适当的场地。当决定创办企业后，就要进一步确定创办企业的地点、场所。场所也许是用来开企业的庞大建筑，也许只是一个小工作间，也许只需要租一个铺面，也许可以在家开展工作。当明确需要什么样的场所后，需要做出自行建造、购买，还是租赁等的选择。如果企业对场所有特殊要求，最好自行建造，但这需要大量的资金和时间。如果能在优越的地点找到合适的场所，则购买现成的既简单又快捷。但现成的场所往往需要经过改造才能适合企业的需要，而且需要花大量的资金。如果资金比较紧张，租赁是一种不错的选择。租房比建造厂房和购买厂房所需要的启动资金要少,这样做也比较灵活。如果是租房,当需要改变企业地点时,也会容易得多。不过租房不像自己有房那么安稳,而且也得花些钱进行装修才能适用。如果家里能够满足创业需要,在家创业的固定投资可能最便宜,但即使这样也少不了要做些调整。在确定企业是否成功之前,在家开业是起步的好办法,因为占用资金较少,待企业成功后再租房和买房也不晚。但在家工作,业务和生活难免互相干扰。

(2)设备。设备是指企业正常运转所需要的各种机器、工具、设备、车辆、办公家具等。对于生产型、加工型和一些服务型企业,设备往往是最大的需要。一些企业需要在设备上大量投资,因此,了解清楚需要什么设备以及选择正确的设备类型就显得非常重要。即使是只需要少量设备的企业,也要慎重考虑确实需要哪些设备,并把它们写入创业计划,可能的话,租赁一些必须设备也可以降低启动资金的数量。

3. 流动资金

企业开办起来以后需要运转一段时间才能有销售收入。生产型企业在销售之前必须先把产品生产出来;服务型企业在开始提供服务之前要先买材料和用品;营销型企业在营业之前必须先购入商品。所有企业的产品在得到顾客接受之前必须先花时间和费用进行促销。总之,需要流动资金支付购买并储存原材料或成品、必要促销、支付工资、支付租金、支付保险和许多其他费用的开销。这要根据企业类型或规模进行预测,在获得销售收入之前,企业能够支撑多久。一般而言,刚开始的时候销售并不顺利,因此,流动资金需要计划周密些。为了做好周密计划,需要制订一个现金流量计划,它会帮助创业者更准确地预测所需要的流动资金。

(1)库存。预计的企业规模越大、原料的库存就可能越多,需要用于采购的流动资金就越大。既然购买存货需要资金，就应该将库存降到最低限度。

如果是生产型或加工型企业，就必须预测生产需要多少原材料库存，这样可以计算出在获得销售收入之前需要多少流动资金。如果是服务型或营销型企业，就必须预测在顾客付款之前，提供服务需要多少材料库存。如果企业允许赊账，资金回收的时间就更长，需要动用流动资金就更多。

（2）租金。正常情况下，企业一开始运作就要支付企业场所的租金。计算流动资金中用于场所的金额，用月租金乘以还没达到收支平衡的月数就可以计算出来。而且，还要考虑到租金支付的周期长短。如果一次支付周期长，就会占用更多的流动资金。

（3）工资。如果雇用员工，在起步阶段就得给他们支付工资。还要以工资方式支付自己家庭的生活费用。计算流动资金时，要计算用于发工资的钱，通过用每月工资总额乘以还没到达收支平衡的月数就可以计算出来。

（4）促销。新企业开张，需要宣传自己的商品或服务，而促销活动要占用一些流动资金。

（5）其他费用。在企业起步阶段，还要支付一些其他费用，例如，保险、电费、文具用品费、交通费等。

二、收益

当选择了创业项目，就决定了为市场可能提供的商品种类和质量。确定了产品，就决定了目标市场，而目标市场的消费能力和对产品的认知度，决定了创业成功的概率。

每个企业都会有成本。作为创业者，必须详细了解经营企业的成本。

创业项目的预期收益是指在企业完成商品供给后获得的收益。预期收益是由供给的产品价格和供给产品的数量扣除生产产品成本后的余额。

1. 成本

在确定产品价格之前，要计算出为顾客提供产品或服务所产生的成本。很多企业因为没有能力控制好企业的经营成本而陷入财务困境。一旦成本大于收入，企业将会陷入困境甚至破产。因此，成本控制是对创业成功的重要影响因素之一。

怎样具体计算成本？首先，要了解自己生产产品或提供服务的成本构成。其次，要了解固定资产折旧也是一种成本。最后，计算出单位产品的成本价格。

对于一个准备创业者来说，预测成本绝对不是一件容易的事。最好的方法是，参照一家同类企业，了解一下该企业计入了哪些成本。企业常见的成本项目有原料及主要材料、生产用燃料和动力、生产工人工资、废品损失、车间经费、企业管理费、销售费用等。

一些成本随着生产或销售的起伏而变化，如材料成本，这些成本是可变成本。另外，在一定时期内，有些成本是不变的，如租金、保险费等，这些成本叫固定成本。

预测成本，必须认真区分可变成本和固定成本。材料成本永远属于可变成本。如果还有其他可变成本，必须知道这些成本是怎样随着销售的增长而变化的。

折旧是一种特殊成本。折旧是由于固定资产不断贬值而产生的一种成本，例如，设备、工具和车辆等。它虽然不是企业的现金支出，但仍然是一种成本。

由于折旧是针对固定资产而做的，因此，需要计算固定资产（有较高价值和较长使用寿命的资产）的折旧价值。在大多数小企业里，能够折旧的物品为数不多。企业常见的固定资产项目的折旧率，如工厂建筑、设备和工具、办公家具等年折旧率是20%，机动车辆等年折旧率是10%，店铺的年折旧率是5%，而商场店铺的装修年折旧率可高达50%。

根据各种企业类型的经营模式、销售产品的方式不同，计算每年或每月，甚至每天的成本。当基本明确了投资周期（投资周期是指从资金投入至全部收回所经历的时间），对产品的定价及预期收益就有了重要的参照物。

2. 价格

产品质量或服务水平确定后，价格是否合理，是能否实现产品销售出去的基础。制定价格主要有两种基本方法。

（1）成本加价法。将制作产品或提供服务的全部费用加起来，就是成本价格。在成本价格上加一个利润百分比得出的是销售价格。如果企业经营有效，成本不高，用这种方法制定的销售价格在当地应该是具有竞争力的。但是，如果企业经营不好，成本可能会比竞争者的高，这意味着用成本加价法制定的价格会太高，而不具有竞争力。

（2）竞争价格法。这是确定价格的另一种方法。在定价时，除了考虑成本外，还要了解一下当地同类商品或服务的价格，看看定的价格与同行相比是不是有竞争力。如果价格比竞争者的高，要保证能更好地满足顾客的需要。

实际上可以同时用成本加价和竞争比较这两种方法来制定价格。一方面，要严格核算产品成本，保证定价高于成本，当然，一定不要拿制造商的销售价和商店的零售价进行比较；另一方面，应随时观察竞争者的价格，并与之比较，以保持价格有竞争力。当然，对于新创业者来说，可能难以预料的是竞争对手对这家新生企业的反应。有时，当一家新企业进入市场时，竞争对手的反应是很激烈的。他们也许会压低价格，使新企业难以立足。所以即使企业计划做得很完备，也总会面临一些意外的风险。

3. 收入

在准备创业时，了解一定量的销售能带来多少收入，称为销售收入预测。预测销售和销售收入是准备创业计划中最重要和最困难的部分。大多数人都会过高估计自己的销售，因此，在预测销售时不要太乐观，要求符合实际。千万要记住，在开办企业的前几个月里，销售收入不会太高。预测销售收入的一般步骤：首先，列出企业推出的所有产品或产品系列或所有服务项目；其次，产品的销售数量及时期；再次，预测产品的销售价格；最后，计算预期销售额扣除成本的余额，得出预期收入。

第七章 组建创业团队

创业需要由团队来完成。农村创业需要组建创业团队,创业团队需要有一个能力强的团队领导人,而且团队成员需要具备农村创业的知识与技能,并拥有农村创业的热情和精神,从而为农村创业提供智慧性决策。

第一节 创业团队概述

一、创业团队的概念

创业团队是决定创业企业发展和影响企业绩效的核心群体,是新创企业成败的关键因素,它对吸引投资者是至关重要的。创业者扮演着3个领导角色:组织的领导者、组织目标的构建者和组织成员的领导者。当创业者把创业团队组建起来时,所有这些角色就开始发挥作用了。由于团队有助于提升企业的绩效,创建和维护创业团队是创业者的一项主要职责。

可从两个层面上来阐释创业团队的概念。从狭义上说,创业团队指有着共同目的、共享创业收益、共担创业风险的一群经营新成立的营利性组织的人,他们提供一种新的产品或服务,为社会提供新增价值。从广义上说,创业团队不仅包含狭义创业团队,还包括与创业过程有关的各种利益相关者,如风险投资商、供应商、专家咨询群体等。

综上所述，创业团队一般是由两个及以上的人组成，不仅仅是简单的团队，他们拥有共同的目标和价值观，在工作中相互依赖、相互补位，对创业企业的未来负责。他们在创业企业中处于决策和主要执行者的位置，对创业团队和创业企业负责。一般而言，由核心创业者、执行者、被雇佣者组成创业团队。

二、创业团队的类型

（一）依据成员的不同组合，分为星状创业团队、网状创业团队和虚拟星状创业团队

无论哪种类型的创业团队，均需要形成一致的创业思路，团队成员要有共同的目标愿景，认同团队将要努力的目标和方向。同时，还要保证团队成员之间通畅的沟通渠道。沟通对于一个创业项目的成功与否至关重要，贯穿创业过程的每一个环节。

1. 星状创业团队

一般在团队中有一个核心人物，充当领队的角色。这种团队在形成之前，一般是核心人物有了创业的想法，然后根据自己的设想进行创业团队的组织。因此，在团队形成之前，核心人物已经就团队组成进行过仔细思考，并根据自己的想法选择相应人员加入团队，这些加入创业团队的成员也许是核心人物以前熟悉的人，也有可能是不熟悉的人，但这些团队成员在企业中更多时候扮演支持者角色。

这种创业团队有4个明显的特点：①组织结构紧密，向心力强，主导人物在组织中的行为对其他个体影响巨大；②决策程序相对简单，组织效率较高；③容易形成权力过分集中的局面，从而使决策失误的风险加大；④由于核心主导人物的特殊权威，其他团队成员在冲突发生时往往处于被动地位，在冲突较严重时，一般都会选择离开团队，可能会对组织产生较大影响。

2. 网状创业团队

这种创业团队的成员一般在创业之前都有密切的关系，如同学、亲友、同事、朋友等。一般都是在交往过程中，共同认可某一创业想法，并就创业达成了共识，之后开始共同进行创业。在创业团队组成时，没有明确的核心人物，大家根据各自的特点进行自发的组织角色定位。因此，在企业初创时期，各位成员基本上扮演的都是协作者或者伙伴角色。

这种创业团队的特点：①团队没有明显的核心，整体结构较为松散；②组织决策时，一般采取集体决策的方式，通过大量的沟通和讨论达成一致意见，因此，组织的决策效率相对较低；③由于团队成员在团队中的地位相似，因此，容易在组织中形成多头领导的局面；④当团队成员之间发生冲突时，一般都能采取平等协商、积极解决的态度消除冲突，团队成员不会轻易离开。但是一旦团队成员间的冲突升级，使某些团队成员撤出团队，就容易导致整个团队的涣散。

3. 虚拟星状创业团队

这种创业团队是由网状创业团队演化而来，基本上是前两种的中间形态。在团队中，有一个核心成员，但是该核心成员地位的确立是团队成员协商的结果，因此，核心人物从某种意义上说是整个团队的代言人，而不是主导型人物，其在团队中的行为，必须充分考虑其他团队成员的意见，不如星状创业团队中的核心主导人物那样有权威。

（二）依据目标产品的特性不同，分为研发主导型、市场主导型、产品主导型创业团队

1. 研发主导型创业团队

以技术研发为主，但是通常忙于开发，缺乏对产品需求的逻辑性把控，以及对产品体验和设计上的考虑。

2. 市场主导型创业团队

以市场需求为导向，进行产品设计。通常有非常多的想法，但是难以落地。接触到很多用户需求，但没有办法快速形成真实可用的产品，缺乏对产品的整体规划和快速实施能力。

3. 产品主导型创业团队

专注于产品设计，更多地考虑怎样把产品设计好，花大量的时间讨论产品方向和需求细节，缺乏对未来产品快速实施和快速产出的能力。

(三) 依据创业项目与互联网的依附关系，分为在线型、"水泥+鼠标"型和延伸型创业团队

1. 在线型创业团队

完全依托于互联网而存在的互联网创业团队，称为在线型创业团队，其典型特征就是向客户提供产品或服务的过程，完全在互联网上进行。创业平台构筑在互联网上，创业团队所提供的产品或服务完全通过互联网经营，与客户通过网络交互，在线进行交易的支付等。

在线型创业团队，既是创业团队对于营销方式的创新，又是营销渠道的创新，他们用对互联网独到的眼光，创造出新的商机。

2. "水泥+鼠标"型创业团队

"水泥+鼠标"型创业团队是对基于传统商务的创新，在传统商务模式之中加入互联网因素，其业务是由若干离线的传统商务活动和若干在线的商务活动所组成的价值链，既大大降低了商务运作的成本，又提高了运营的效率。

此类创业团队，善于抓住市场商机，灵活运用自身所具备的网络信息技术，对传统业务进行改造，从而赢得更大的市场份额。

3. 延伸型创业团队

延伸型创业团队将他们的经营活动从物理场所拓展到网络空间，在线商务与传统商务同时存在，在传统业务链条上衍生出一组新的链条，新链条基本与传统链条的作用相同，网上经营活动只是拓展了其原有的商业空间。

对于许多传统型企业的创业团队来说，利用互联网能够发现许多新的商机和利润增长点，从而可以实现二次创业。

第二节　了解创业团队

一、创业团队的构成

很多创业者刚开始创业的时候人很少，甚至只有自己在做，但是随着事业的发展，创业团队愈来愈显得重要，而要形成强有力的创业团队，团队结构就必须科学合理，一般应由以下类型人员组成。

（一）领头人

企业创办发起人往往就是领头人，领头人就是要学会用人之长，容人之短，充分尊重角色差异，找到与角色特征相契合的工作，发挥每个员工的个体作用。在准备创业和制订创业计划时，要考虑自己的团队组成，要明确哪些工作可以由自己去做，哪些工作是自己既没能力也没时间去做而需要团队成员去做的。

俗话说："兵熊熊一个，将熊熊一窝"，一个优秀的领头人关系创业的成败。在一个有胆识、有魄力、有智慧的领头人的带领下，大家才能"事业有奔头，工作有干头"，才能"心往一处想，劲往一处使"，才能凝聚合力，团结一致，冲锋陷阵，攻坚克难，取得创业的成功。否则，缺少核心的领头人，就很难形成

第七章 组建创业团队

有力的战斗团队，队伍就会一盘散沙，没有任何竞争力，自然也就很难取得好的业绩。因此，领头人就是团队的核心和灵魂。

（二）人才

1. 技术人才

技术是行业发展的核心要素，不仅关系到生产经营的成本、质量、劳动生产率，对企业的生产规模和管理等诸方面都有着重要影响。因此，技术人才对于企业发展而言，在一定程度上起着决定性作用。没有优秀的技术人才就没有优秀的产品质量和优质的服务，当然就没有竞争力，早晚要被市场淘汰，尤其是在科技发展日新月异的今天更是如此。

2. 管理人才

科学技术是生产力，管理同样是生产力。生产经营管理人才是企业日常工作的组织者，不仅关系质量成本控制，而且还要调动一切积极因素，让每一个工作人员长期保持高昂的斗志，良好的工作状态，实现企业高效运转，提高执行力。如果没有管理人才有效发挥管理作用，生产经营就会陷入无序状态，就没有企业的正常运转，更谈不上企业竞争力和企业发展。

3. 营销人才

产品被顾客选择才能实现产品向商品的转变，才能实现价值。企业的产品或服务能够被消费者接受，才能够实现产品或服务顺利进入消费领域成为商品并实现价值。这一过程需要营销人才做出巨大的努力。企业的经济效益最终都要通过营销团队的努力实现。因此，营销人才在团队建设中有着举足轻重的作用。

4. 金融人才

企业的发展离不开金融财务管理。一方面要遵守国家的法律规定；另一方面资金的筹措、管理、使用要建立一整套规范的规章制度，保证资金的合理利用和使用效果。因此，金融人才是团队建设中的重要组成部分。现代企业对金融人才有着更高的素质要求，不仅要精通业务，还要提高协调关系等方面的能力。只有这样，才能做到精打细算，提高资金利用效果，为企业发展保驾护航。

（三）顾问

创业前进行必要的咨询是有利于创业成功的，也是避免重大失误的有效措施。团队里有一些经验丰富的各行业专家是非常重要的，他们经历了行业发展的过程，目睹了许多企业生产经营的兴衰，对行业发展有其独特的视角和独到的认识，在行业内有着丰富的从业经验，团队能够吸收这样的人才为企业所用，一定能够帮助企业少走弯路。

联系那些对你有过帮助而且将来还可能扶持你的行业专家，包括专业协会会员、会计师、银行信贷员、律师、咨询顾问和政府部门专家，争取获得他们的支持和帮助。

（四）合伙人

合伙人，通常是指以其有形资产或无形资产进行合伙投资创办企业，参与经营，依协议享受权利、承担义务的人。合伙人可以用资金、实物、技术、技术性劳务等作为合伙的投资形式。因此，合伙人可以是投资人、技术持有人、劳务投入人等。

如果企业不止一个业主，这些业主将以合伙人的身份与你共享收益，共担风险。他们将决定彼此如何分工合作。要管理好一个合伙制企业，合伙人之间的交流和沟通很重要，一定要透明和诚恳。合伙人之间意见不一致时要全方位沟通，求大同存小异，否则往往会导致企业的失败。因此，有必要准备一份科学合理的企业管理规章制度，使每个合伙人的责任和义务、风险和利益的安排清晰、分工明确、分配合理，促使合伙人共同遵守。

（五）员工

有一定规模的企业创业者不可能有时间或能力把所有的工作

第七章 组建创业团队

都承担下来,这就需要别人来分担,就要招聘员工,让员工来完善企业工作。能招聘到符合岗位职责的适当技能、有工作积极性的员工对创业者来说是很重要的,尤其是适合自己企业的员工。当确定需要招聘员工后,要把岗位的工作职责写出来。岗位职责要明确规定某一特定领域里要做的工作。让员工明确知道企业需要他们做什么、应该做什么,并以此来衡量员工的工作绩效。

总之,准备创业的创业者,组建的团队成员会影响创业的成败。要管好企业,就要慎重地选择人员,要明白他们各自的角色和岗位。一个有效率的企业要组织得严谨,让所有团队成员知道自己必须做什么以及完成任务所需要的技能。认真搞清所需要的人员,为全体职工建立岗位责任制,企业管理起来就会容易得多。

二、成功创业团队的特点

创业团队成员都应将团队利益置于个人利益之上,要充分认识到个人利益是建立在团队利益基础之上的,团队中不能存在个人英雄主义,每一位成员的价值,都体现为对于团队整体价值的贡献。成员不计较短期获取的薪资、福利、津贴等,愿意牺牲短期利益来换取长期的创业成果。

(一) 好的领头人

领头人是创业团队的灵魂和核心。俗话说"火车跑得快,全靠车头带"。许多创业成功的案例证明"团队带头人是成功创业的关键"。优秀的带头人有高远的志向、过人的胆识和智慧,有魄力、有凝聚力和组织管理能力,有博大的胸怀,有敢于胜利的英雄气概,不怕困难,敢于创新,为了企业发展,深谋远虑,趋利避害,不计个人得失,一往无前。

(二) 协作的团队

团队成员必须对企业长期发展经营充满信心,每一位成员对企业经营成功要给予长期的承诺，不因一时利益或困难退出团队，要清醒地认识到创业将会面临的挑战和困难。这样才能全身心地投入到工作中去，才能凝聚共识、同心同德、团结协作将事业推向成功。当然，为了能形成利益共同体，不能只有语言上的承诺，必要时要从制度上进行规范，尤其是在责任和利益上的约定。

（三）明确的价值取向

团队成员应该有明确一致的价值取向，全心致力于创建企业的发展。团队成员只有认同了价值取向，其目标才坚定，才可能保持持久的创业激情，拥有昂扬的斗志，不遗余力地为其奋斗，企业才可能走向成功。在创业的过程中，应经常明确和修正价值取向，吸引有相同价值取向的人员加入团队，时刻保持旺盛的精力和创业热情。缺乏相同的价值取向，会失去创业的信心，对创业团队所有成员产生的负面影响可能是致命的。

（四）明确的目标责任

创业团队要根据发展规划制定科学的发展目标。在目标设置时，要统筹兼顾，做到近期目标、中期目标、长期目标恰贴对接，科学合理。要让团队成员熟知他们工作应该达到的目标。必要时在团队目标的前提下，明确细分团队成员的具体目标。让成员清楚自己应该努力的方向和程度。在此基础上，通过建立健全制度和科学的运行机制，明确目标责任，严格考核成员履行职责的情况，实行有效的奖惩办法，确保目标任务落到实处。

（五）合理的利益分配机制

平均主义和大锅饭是懒惰的温床。团队成员的利益分配不一定要均等，但必须要遵循大家认可的规则进行分配，尽量做到合理、透明与公平。要按照贡献与报酬相符的原则，避免贡献与报酬不一致的不公平现象。通常创始人与主要贡献者会拥有比较多的股权,但只要与他们所创造价值、贡献上能相配套,就是一种合理的股权分配。为了鼓励今后干事创业,也可以留有一定比例的股权,用来奖赏以后有显著贡献的创业成员,在利益分配上留有余地,富有弹性。

(六) 沟通的创业团队

裂痕来源于缺乏有效的沟通。能够适时有效进行沟通的创业团队,才有向心力、凝聚力和战斗力。有意见分歧是正常的,因为工作辨明是非是负责任的表现。在发生意见冲突的情况下,能够分清是非,以企业目标为重,主动搞好沟通与协调,及时消除误解。要非常重视建立和维护创业团队成员之间的相互沟通,特别是团队的主要成员,一旦出现信任危机,将会带来严重后果。因此,在创业组建团队之前,要特别注重对团队成员的了解,观察其是否有诚信,成员的行为和动机是否带有很强的私心等,将组建团队的风险排除在创业之前。

第三节 组建创业团队

创业团队的组建是一个复杂的过程,不同的创业活动会形成不同的创业团队,组建创业团队的过程也会有所差异。创业者在组建一个具有向心力的创业团队时可以遵循一些通用的步骤。

一、创业团队组建的基础

(一) 团队成员具备共同的创业理念

共同的创业理念是创业团队得以成功组建的首要原则,共同的创业理念和价值取向同时也决定了创业团队的性质、创业目标和创业的日常行为准则、标准,这也将会指导团队成员如何有效地完成工作、如何达成预定目标。在共同的创业理念和价值取向的支持下，团队成员的目标同企业的创业目标相一致，无疑有助于创业活动的深入持久开展，特别是在创业活动遇到困难或者团队组建出现冲突时，团队成员也不会轻易离开。在共同的创业理念的推动下，每位成员都能够致力于创业价值的创造，致力于通过不同的途径为创业团队谋利益。同时，共同的创业理念也是团队成员凝聚力的基础，有助于凝聚每位成员的力量，为了相同的目标共同努力，为了团队的整体利益而不计较个人的短期利益。

（二）团队成员之间的互补性

互补性主要是指团队成员之间在能力、性格、学习背景和工作经验等方面的互补。在创业者组建创业团队的过程中，需要充分考虑每位成员的优势和劣势，有效地弥补创业团队成员之间存在的缺口。事实上，每个团队成员都不可能达到所有方面都精通的程度，必然存在某方面的不足和欠缺，这就需要其他团队成员来弥补这一不足。例如，某一团队成员较为擅长技术性的工作，但是对于财务和营销并不擅长，这就需要团队其他成员来弥补这一欠缺，起到补充和平衡的作用。当然，团队成员之间可以存在一定的交叉性，但是这种交叉性的重叠不宜过多。

（三）团队成员之间的相互信任

团队成员之间的相互信任在创业团队的组建中处于基础性的地位，只有相互信任，团队才能够成功组建，团队成员才能相互合作，达成共同进步的目标。团队成员之间的相互信任主要包含了团队成员之间要相信他人的品格、个性、工作能力和工作态度，也只有建立在信任基础之上的合作才能持久，团队成员才能充分发挥自身优势，实现团队发展的最优化。失败创业团队的经验已经证明，团队成员间信任的缺乏将会直接影响到团队的管理和运行，信任一旦遭到破坏也是很难恢复的。

（四）团队具有责权利统一的管理制度

团队在组建中要正确地处理好团队中的权力关系和利益关

系，要做到责权利的统一。正确处理好团队成员的权力和利益的关系需要在创业团队成立之初就建立起相对完善的管理制度。这种管理制度要具有可操作性、前瞻性和公正性，建立起共同的行为准则和约束制度，进而保证团队的稳定性。在创业之初，团队要明确团队成员的分工，保证团队成员能清晰地明确所要承担的任务和责任。在明确职责的基础之上要妥善处理好成员的利益关系。在创业之初，财力有限，团队要制定出相对合理的报酬体系，既要保证团队成员能够按照贡献程度获得相应的报酬，也能够兼顾多数人的利益。

二、创业团队组建的一般程序

尽管创业活动不尽相同，创业团队的组建也会有所差异，但是在差异中也存在着共性，概括起来创业团队的组建可以分为以下几个程序。

（一）明确创业目标

创业目标是开展创业活动的基础。在成立创业团队前，首要的是明确创业目标，这是整合创业团队的起点。创业者需要明确创业目标才能够决定创业团队的人员构成，才能够有进一步的创业计划。创业者在识别和综合评价多种创业机会的过程中，要制定出相应的创业总目标，进而决定寻找具体的人才来共同推进创业活动的进行。

（二）制订创业计划

在明确创业目标后就需要根据目标来制订相应的计划，这种计划可以分为总计划和多个子计划。创业者在制订创业计划的过程中要充分考虑到已具备的创业资源、自身的优劣势和下一步需要的资源。同时，一份较为完备的创业计划也有利于加深合作伙伴对创业活动预期的了解，吸引有意向的合作伙伴加入团队中来。在制订计划的过程中需要充分考虑创业各个阶段的阶段性目标和影响因素，制订出相应的阶段性计划和阶段性任务。

（三）寻找符合条件的团队成员

在初步明确创业目标和制订创业计划后，创业者就可以根据创业的需要寻找符合条件的团队成员组成创业团队。创业者可通过自己的社会网络来寻找能够形成优势互补的较为可靠的合作伙伴。可以说，在一个创业团队中，团队成员间相互的知识结构越合理，创业成功的可能性也就越大。在对寻找到的合作伙伴进行筛选的过程中还需要关注对方的思想素质，即创业者不仅要从教育背景、工作经历、生活阅历等方面来考察合作伙伴的综合素质，更要考察合作伙伴的个人品德，关注合作伙伴的忠诚度和坦诚度。

（四）职权划分

在创业团队中进行职权的划分主要是依据预先的创业计划，根据创业的需要，对不同的团队成员进行相应的职责分工，确定每位团队成员所要承担的职责及其所能获得的或者享有的相应的权限。明确的职责分工能够保障团队内部的良性运行，保障各项工作有条不紊地进行，团队成员依据职权划分来各司其职，执行预先制订的创业计划。同时，在划分职权的过程中需要充分考虑到团队成员的结构构成，职权的划分必须明确且具有一定的排他性，避免出现职权过重或职权空缺。此外，由于创业活动的复杂性和动态性，对于职权的划分同样也不能是一成不变的，需要适时根据外部环境的变化和团队成员的流动来及时调整。

（五）建立团队制度体系

完整系统的团队制度体系为创业活动的顺利进行提供了必要支撑，严格把控制度体系有利于规范团队成员的个人行为，激励团队成员恪尽职守、各司其职。严格的团队制度体系也为克服在团队发展过程中可能出现的利益分歧提供了重要保障。

需要明确的是创业团队的组建并不是严格遵守以上各个程序，很多的创业团队在组建过程中并没有严格意义上的步骤划分。

第四节　管理创业团队

新创企业的管理，实际上包含公司组织、生产服务、市场营销等几个方面，新创企业的管理重点一般会落在生产管理、市场、服务等环节上，而忽视团队的建设与管理，这种做法是不科学的。如何管理创业团队呢？主要有以下几点。

一、保持沟通流畅

沟通是有效管理团队的重要内容。顺畅的沟通是企业不断前进的命脉。没有沟通，团队就无法运转。其一，沟通使信息保持畅通，实现信息共享，避免因为信息缺失而出现错误的决策与行为。其二，沟通可以化解矛盾，增强团队成员彼此之间的信任。在长期合作共事的过程中，成员之间难免会有矛盾，缺少沟通可能导致相互猜疑、相互抱怨，矛盾会随着时间的推移越来越大，最后可能导致团队的分裂。而情感上的相互信任，是一个团队最坚实的合作基础。团队的成功与否，根本原因在于人与人的"兼容性"，相互信任就是兼容过程中的"润滑剂"。其三，沟通可以有效地解决认知性冲突，提高团队决策的质量，促进决策方案的执行。在企业经营管理过程中，团队成员对有关问题会形成不一致的意见、观点和看法，这种论事不论人的分歧称之为认知性冲突。优秀的团队并不回避不同的意见，而是进行充分的沟通和交流，鼓励创造性的思维。这有助于推动团队成员对决策方案的理解和执行，提高团队决策的质量，提高组织绩效。

二、让合适的人做合适的事

从人力资源管理上"人岗匹配"的原则来说，让合适的人做合适的事，是科学的用人原则。这样做的结果对个人来说，可以保证团队每一名成员得到发展，充分调动团队成员的潜能，激发其工作热情，使其将个人优势发挥得淋漓尽致；对团队来说，扬长避短无疑是提高效率的最佳配置方式。

三、制定严格的规章制度

"没有规矩，不成方圆"，一个初创团队，如果没有严格的规章制度（如绩效考核制度、财务管理制度、行政管理制度等）作为运转保障，就会成为一盘散沙。因此，最初创业时就要把该说的话说到，该立的规矩立好，把最基本的责、权、利说得明白、讲得透彻，不要碍于情面含含糊糊。规章制度具有明确性的特点，有助于规范团队内部各成员的行为，使每个人都能恪尽职守、各司其职，避免新创企业中经常出现的团队成员责、权、利混淆的情况，避免出现因责、权、利等的分歧而导致创业团队的解散。

四、建立良好的激励机制

激励是团队管理中极为重要的内容，直接关系到初创企业的生死存亡。如何对创业团队进行有效的激励，是团队管理中极为重要的内容，没有固定的程式可以套用，但可以通过授权、股权激励、薪酬机制等诸多手段来实现。薪酬是实现有效激励最主要的手段，毕竟收益是创业成功的重要表征。在设计薪酬制度时，应考虑到差异原则、绩效原则、灵活原则。最终目的是通过合理的报酬让团队成员产生一种公平感,激发和促进创业团队成员的积极性,实现对创业团队的有效激励。

五、建立合理的决策机制

要成为一个有凝聚力的团队,团队核心人物(决策者)必须学会在没有完善的信息、团队成员没有统一的意见时做出决策,而且承担决策的后果。只要自己认为对的事情,不可优柔寡断,必须付诸行动。团队核心人物的决策能力是一个团队能否成功的重要因素。但如果一个团队没有鼓励、建设性的意见,决策者就不可能学会决策。这是因为只有当团队成员彼此之间热烈地、不设防地争论,直率地说出自己的想法,团队核心人物才可能做出充分集中集体智慧的决策。决策的主要内容是公司发展的长期目标与一定阶段的计划,还有一些是与公司发展相关的重大决策。

六、马上执行,对结果负责

有了决策,还需要严格执行,执行力就是生产力。在创业团队,要高度强调团队成员必须对结果负责,"没有结果就是没做",没有任何理由和借口。

在团队里,也许并不需要每个团队成员都异常聪明,却需要每个人都具有强烈的责任心和事业心,对于公司制订的业务计划和目标能够在理解、把握、吃透的基础上,细化、量化自己的工作,坚定不移地贯彻执行下去,对于过程中的每一个运作细节和每一个项目流程都要落到实处,对结果负责。

其实,决策者的角色也不是一成不变的,决策者应首先以一个执行者来要求自己,只有当自己也能完成方案时,才能将类似的方案交给其他执行者去执行。

七、注重团队凝聚力

团队的凝聚力是指群体成员之间为实现共同目标而实施团结协作的程度,凝聚力表现在成员的个体动机行为对群体目标任务所具有的信赖性、依从性乃至服从性上。在创业过程中,团队所有成员都认同整个团队是一股密切联系而又缺一不可的力量。团队的利益高于团队每一位成员的利益,如果团队成员能够为团队的利益而舍弃自己的小利,团队的凝聚力就会极强。

"没有完美的个人,只有完美的团队。"虽然在创业团队中,每一位成员都可以独当一面,但是合作仍然是团队成员首先要学会的东西。成功的创业公司中,团队的成功远远高于个人的成功。创业者团队核心成员只有相互配合,共同激励,树立同舟共济的意识,才能成就梦想。

第八章 实施创业计划

第一节 编制创业计划书

一、编制创业计划书的步骤

创业计划是争取风险投资的敲门砖。因此,创业者在申请风险投资之初,要将创业计划作为头等大事。一份好的成功的创业计划有如下特征:具有吸引力,观点清晰明了,客观、通俗易懂且严谨周密、篇幅适当。

1. 准备阶段

由于创业计划涉及的内容较多,所以编制之前必须进行充分的准备、周密的安排。第一,通过文案调查或实地调查的方式,准备关于创业企业所在行业的发展趋势、同类企业组织机构状况、同类行业企业报表等方面的资料。第二,确定计划的目的和宗旨。第三,组成专门的工作小组,制订创业计划的编写计划,确定创业计划的种类与总体框架,制订创业计划编写的日程与人员分工。

2. 形成阶段

在这个阶段,主要是全面编写创业计划的各部分,包括对创业项目、创业企业、市场竞争、营销计划、组织与管理、技术与工艺、财务计划、融资方案以及创业风险等内容进行分析,初步形成较为完整的创业计划方案。

3. 完善阶段

有了初稿后,应广泛征询各方面的意见,进一步补充修改和完善创业计划。编制创业计划的目的之一是向合作伙伴、创业投资者等各方人士展示有关创业项目的良好机遇和前景,为创业融资、宣传提供依据。所以,在这个阶段要检查创业计划是否完整、务实、可操作,是否突出了创业项目的独特优势及竞争力,包括创业项目的市场容量和盈利能力,创业项目在技术、管理、生产、研发和营销等方面的独特性,创业者及其管理团队成功实施创业项目的能力和信心等,力求引起投资者的兴趣,并使之领会创业计划的内容,支持创业项目。

4. 定稿阶段

这个阶段是指定稿并印制创业计划的正式文本。

二、编制创业计划书的注意事项

1. 创业计划要符合当地实际

要对项目是否适合本地进行分析研究,在拟定创业计划的时候,做到心中有数、符合实际,创业计划要切实可行,能够实施。

2. 创业计划要量力而行

要根据自己的财力、物力、技术、特长、管理能力等因素,综合考虑创业计划。要从小做起,不要把摊子铺得过大。要脚踏实地,一步一个脚印地把自己的事业发展壮大。

3. 创业内容要有行业特色

一般农民都能创业的领域,尽量不要涉及,否则不会有理想的效益。创业要有特色,有科技含量,有创新,否则就不会长久,或者赚不到钱。

4. 创业形式要选择恰当

可以选择加入农民合作社、农业协会或注册创办有限责任农业企业等。这些创业形式不仅能解决农民不懂生产技术、没有生产本钱、市场开拓能力缺乏等难题，而且能保障农民作为经营主体与大市场对接，是实现农业产业化、真正带动农民致富的有效途径之一。同时，还可以通过成员间共担风险、共享利润的经济合作形式，既使农民的经济活动取得尽可能高的效益，又能保留农民在其创业项目运行中的自主性质。

第二节　分析创业计划的可行性

当创业者已经激发起创业的勇气、找准了创业项目、拥有了创业资金、制订了创业计划时，是否就可以动手创业了呢？一般来说，具备了这些条件还不够，还有一个重要的环节需要去完成。也就是说，创业计划制订后，不能马上实施，必须对创业计划的可行性进行充分评判。

一、计划的可行性

如何评估创业计划是否可行？尽管有机会创业，动机不错，想法也很棒，但是基于市场经济能力或家庭等因素的考虑，现在也许不是创业的好时机。

成事不易，创业更难。选择创业这条路，自然而然地会憧憬成功的景象，而不会想到万一失败的问题——因为一开始就想到失败，未免太消极。然而，往坏处打算尽管令人不愉快，却是创业之初应该考虑清楚的。当确定自己适合创业后，不必急着马上走上创业这条路，必须先评估一下创业计划是否可行。

1. 能否用语言清晰地描述出你的创业构想

应该能用很少的文字将自己的想法描述出来。根据成功者的经验，不能将这种想法变成自己语言的原因大概也是一个警告——你还没有仔细地思考吧！

2. 你真正了解自己所从事的行业吗

许多行业都要求选用从事过这个行业的人，并对其行业的方方面面都有所了解。否则，你就得花费很多时间和精力去调查诸如价格、销售、管理费用、行业标准、竞争优势，等等。

3. 你看到过别人使用这种方法吗

一般来说，一些经营红火的公司经营方法比那些特殊的想法更具有现实性。在有经验的企业家中流行这样一句名言："还没有被实施的好主意往往可能实施不了。"

4. 你的想法经得起时间考验吗

当未来的企业家的某项计划真正得以实施时，他会感到由衷的兴奋。但过了一个星期、一个月甚至半年之后，将是什么情况？它还那么令人兴奋吗？或已经有了完全不同的另外一个想法来代替它。

5. 你的设想是为自己还是为别人

你是否打算在今后 5 年或更长的时间内，全身心地投入到这个计划的实施中去？

6. 你有没有一个好的网络

开始办企业的过程，实际上就是一个组织诸如供应商、承包商、咨询专家、雇员的过程。为了找到合适的人选，应该有一个服务于你的个人关系网。否则，你有可能陷入不可靠的人或滥竽充数的人之中。

7. 明白什么是潜在的回报

每个人投资创业，其最主要的目的就是赚最多的钱。可是，在尽快致富的设想中隐含的绝不仅仅是钱。还要考虑成就感、爱、价值感等潜在的回报。如果没有意识到这一点，就必须重新考虑你的计划。

如果条件发生变化，即使是最有效的创业计划也会变得过时，保持对公司、行业及市场的敏感性很重要，如果这些变化可能影响到创业计划，创业者应该确定如何修改计划，以便保证目标的实现，并保证企业在成功的道路上前进。

二、预算的科学性

创业资金预算是否科学，决定了以后创业是否能够得到可靠的资金保障。资金预算要对创办企业所需要的全部资金进行分析、比较、量化，制订出资金需求和分阶段使用计划。

要做到农业创业项目资金需求的科学预算，首要的是了解该农业创业项目的农产品成本或服务成本。不同的项目有不同的成本，但所有产品成本或服务成本都有两种类型，即直接成本和间接成本。直接成本主要包括直接材料成本和直接人工成本；间接成本是为了经营企业而支出的所有其他成本，如房租、水电费、土地使用费、银行利息等。

1. 种植企业成本核算

直接成本：种子、种苗、肥料、地膜、农药、水、生产过程中机械作业所发生的费用、生产人员工资等。

间接成本：土地使用费、管理人员工资、燃料费、折旧费、广告费、招待费、电话费、保险费、办公费用、银行利息等。

2. 养殖企业成本核算

直接成本：饲料、燃料、动力、畜禽医药费、水、畜禽幼仔费、养殖人员工资等。

间接成本：租金、管理人员工资、折旧费、广告费、招待费、电话费、保险费、办公费用、银行利息等。

3. 农资、农机经营企业资金计算办法

直接材料成本：因该类型企业不直接生产产品，购买商品进行转售就是农资、农机经营企业的直接材料成本。

直接人工成本：该类型企业没有从事产品生产的员工，因此，所有员工的成本都是间接成本。

间接成本：如电费、电话费等。对于农资、农机经营企业而言，间接成本是企业除了用于商品进行转售的成本以外的其他全部成本。

三、企业的生存性

判断企业是否具有生存性，可以从下面4个问题进行考虑。

1. 你有决心和能力创办你的企业吗

你已经汇集了大量有关新企业的信息，现在要真实地面对自己，再次考虑你是否做好了开办和管理这个企业的准备。

2. 你的企业能否盈利

创办企业的前几个月可能没有盈利，但往后就应当有，如果生意仍然亏损或者利润很薄，请考虑以下提示。

（1）销量能不能提高？

（2）销售价格有没有提高的余地？

（3）哪些成本最高？有没有可能降低这些成本？

（4）能否靠减少库存或降低原材料的浪费来降低成本？

企业的收益起码要能够支付你的工资，给自己定的工资报酬应该和你投入企业的时间、你的能力和所负担的责任相称，它等于你雇别人来做你的工作时该付的工资。除了你的工资之外，你的投资还应带来利润回报。

3. 你有没有足够的资金来办企业

你的现金流量表显示了企业现金收入和支出的动态。你要有

第八章 实施创业计划

足够的现金去支付到期的账单。即使企业有销售收入,但如果周转资金不足,企业也会倒闭。

如果你的现金流量表显示某个月份里现金短缺,你要采取以下措施。

(1)减少赊销额,加快现金回笼。

(2)减少材料消耗来降低当月的成本。

(3)要求供应商延长你的付款期限。

(4)要求银行延长贷款期,或降低每月偿还的本息。

(5)推迟添置新设备。

(6)租用或贷款购买设备。

4. 请人帮忙审核你的创业计划了吗

一般来说有以下3种方法。

(1)专家论证。在有条件的情况下,要请几位本地区的专家对创业计划进行充分论证,找出计划中的不足,多找计划书中的毛病,多提反对意见,从而进一步完善计划。请专家论证虽然会增加一些论证费用,但得到的回报会远远超出花费。投资额超过50万元以上的项目,最好召开论证会,多请一些同行专家参加,一次论证不满意,经过修改后再论证,直到满意为止。

(2)多方咨询。寻求有丰富经验的律师、会计师、熟悉相关政策的政府官员、专业咨询家的帮助是非常必要的。例如,向行业管理部门进行咨询,他们对你所准备从事创业的行业有总体上的认识和把握,具备一般人不能具备的预测能力,能够通过行业的优劣特点、行业的市场状况、行业的竞争对手、行业的法律约束等方面的分析给予帮助。他们的建议有时能让创业计划书更加完美。

(3)风险评估。创业的风险不能低估,要充分了解同行的效益情况,要预测市场变化,要充分估计到如果产品卖不出去怎么办、行业不景气怎么办，还要包括季节气候的变化、竞争对手的强弱、客源是否稳定等情况。这些风险对创业者而言极为严重，有时甚至会导致创业的失败。对于这一系列问题，创业者都要有完整而周密的考虑和应对措施。

创业计划是一份很重要的文件，它为你提供一个在纸面上而不是在现实中测试你所构思的企业项目的机会。如果创业计划表明你的构思不好，你就要放弃它，这样就能避免时间、金钱和精力的浪费。所以，先做一份创业计划很有必要，此间，应向尽可能多的人征求意见。

要反复审阅创业计划的内容，直到满意为止。创业计划是要交给一些关键人物看的，例如，潜在的投资者、合伙人或贷款机构，你得仔细斟酌，以便准确地向他们传递他们所需要的信息。

第三节　设立创业企业

创业企业的类型有多种，这里主要介绍几种初级创业者常用的典型类型。

一、个体工商户

1. 设立条件

有经营能力的城镇待业人员、农村村民及国家政策允许的其他人员，可以申请从事个体工商业经营；申请人要有与经营项目相应的资金（自行申报，没有最低限额）、经营场所、经营能力和业务技术。

2. 设立程序

第一，办理名称预先登记。领取填写《名称（变更）预先核准申请书》，同时准备相关申报材料；递交《名称（变更）预先核准申请书》,等待名称核准结果;领取《企业名称预先核准通知书》《个体工商户开业登记申请书》;根据《企业登记许可项目目录》规定核定要求,办理审批手续。

第二,全面递交申报材料,符合规定后等候领取《准予行政许可决定书》。

第三,领取《准予行政许可决定书》,按照要求到市场监督管理局交费领取营业执照,依法经营。

二、个人独资企业

1. 设立条件

投资人为一个自然人;有合法的企业名称;有投资人申报的出资额(无最低限额要求);有必要的从业人员;有固定的生产经营场所和必要的生产经营条件。

2. 设立程序

第一,领取填写《名称(变更)预先核准申请书》《指定(委托)书》,同时准备相关申报材料。

第二,递交《名称(变更)预先核准申请书》,等待名称核准结果。

第三,领取《企业名称预先核准通知书》《企业设立登记申请书》;根据《企业登记许可项目目录》规定核定要求,办理审批手续。

第四,全面递交申报材料,符合规定后等候领取《准予行政许可决定书》。

第五,领取《准予行政许可决定书》,根据要求到市场监督管理局交费领取营业执照,依法经营。

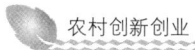农村创新创业

三、合伙企业

1. 设立条件

有 2 个以上合伙人；有书面合伙协议；有合伙企业的名称、经营场所、合伙经营条件；有各合伙人认缴或实际缴付的出资（合伙企业资金没有最低限额要求）；合伙人应当具备完全民事行为能力和法律、行政法规规定的其他条件要求。

2. 设立程序

第一，领取填写《名称（变更）预先核准申请书》《指定（委托）书》，同时准备相关申报材料。

第二，递交《名称（变更）预先核准申请书》，等待名称核准结果。

第三，领取《企业名称预先核准通知书》《企业设立登记申请书》；根据《企业登记许可项目目录》规定核定要求，办理审批手续。

第四，全面递交申报材料，符合规定后等候领取《准予行政许可决定书》。

第五，领取《准予行政许可决定书》，根据要求到市场监督管理局交费领取营业执照，依法经营。

四、有限责任公司

有限责任公司是指根据《中华人民共和国公司登记管理条例》规定登记注册，由 50 个以下的股东出资设立，每个股东以其所认缴的出资额对公司承担有限责任，公司以其全部资产对其债务承担责任的经济组织。有限责任公司包括国有独资公司及其他有限责任公司。

1. 设立条件

《中华人民共和国公司法》（以下简称《公司法》）规定设立有限责任公司，应当具备下列条件。

（1）股东符合法定人数。《公司法》规定有限责任公司由50个以下股东共同出资设立。

（2）股东出资达到法定资本最低限额。《公司法》规定有限责任公司的注册资本为在公司登记机关登记的全体股东认缴的出资额。公司全体股东的首次出资额不得低于注册资本的20%，也不得低于法定的注册资本最低限额，其余部分由股东自公司成立之日起2年内缴足；其中，投资公司可以在5年内缴足。

有限责任公司注册资本的最低限额为人民币3万元。法律、行政法规对有限责任公司注册资本的最低限额有较高规定的，从其规定。

（3）股东共同制定公司章程。《公司法》规定有限责任公司章程应当载明下列事项：公司名称和住所；公司经营范围；公司注册资本；股东的姓名或者名称；股东的出资方式、出资额和出资时间；公司的机构及其产生办法、职权、议事规则；公司法定代表人；股东会会议认为需要规定的其他事项。股东应当在公司章程上签名、盖章。

（4）有公司名称，建立符合有限责任公司要求的组织机构——有限责任公司股东会。有限责任公司股东会由全体股东组成。股东会是公司的权力机构，依照《公司法》行使下列职权：决定公司的经营方针和投资计划；选举和更换非由职工代表担任的董事、监事，决定有关董事、监事的报酬事项；审议批准董事会的报告；审议批准监事会或者监事的报告；审议批准公司的年度财务预算方案、决算方案；审议批准公司的利润分配方案和弥补亏损方案；对公司增加或者减少注册资本作出决议；对发行公司债券作出决议；对公司合并、分立、解散、清算或者变更公司形式作出决议；修改公司章程；公司章程规定的其他职权。对前款所列事项股东以书面形式一致表示同意的，可以不召开股东会会议，直接作出决定，并由全体股东在决定文件上签名、盖章。

有限责任公司设立董事会的，股东会会议由董事会召集，董事长主持；董事长不能履行职务或者不履行职务的，由副董事长主持；副董事长不能履行职务或者不履行职务的，由半数以上董事共同推举1名董事主持。有限责任公司不设董事会的，股东会会议由执行董事召集和主持。董事会或者执行董事不能履行或者不履行召集股东会会议职责的，由监事会或者不设监事会的公司的监事召集和主持；监事会或者监事不召集和主持的，代表1/10以上表决权的股东可以自行召集和主持。

有限责任公司设董事会。除《公司法》另有规定的以外，其成员为3~13人。董事会设董事长1人，可以设副董事长。董事长、副董事长的产生办法由公司章程规定。董事任期由公司章程规定，但每届任期不得超过3年。董事任期届满，连选可以连任。董事任期届满未及时改选，或者董事在任期内辞职导致董事会成员低于法定人数的，在改选出的董事就任前，原董事仍应当依照法律、行政法规和公司章程的规定，履行董事职务。

董事会对股东会负责，行使下列职权：召集股东会会议，并向股东会报告工作；执行股东会的决议；决定公司的经营计划和投资方案；制订公司的年度财务预算方案、决算方案；制订公司的利润分配方案和弥补亏损方案；制订公司增加或者减少注册资本以及发行公司债券的方案；制订公司合并、分立、解散或者变更公司形式的方案；决定公司内部管理机构的设置；决定聘任或者解聘公司经理及其报酬事项，并根据经理的提名决定聘任或者解聘公司副经理、财务负责人及其报酬事项；制定公司的基本管理制度;公司章程规定的其他职权。

董事会会议由董事长召集和主持;董事长不能履行职务或者不履行职务的,由副董事长召集和主持;副董事长不能履行职务或者不履行职务的,由半数以上董事共同推举1名董事召集和主持。

有限责任公司可以设经理,由董事会决定聘任或者解聘。经理对董事会负责,行使下列职权:主持公司的生产经营管理工作,组织实施董事会决议;组织实施公司年度经营计划和投资方案;拟订公司内部管理机构设置方案;拟订公司的基本管理制度;制定公司的具体规章;提请聘任或者解聘公司副经理、财务负责人;决定聘任或者解聘除应由董事会决定聘任或者解聘以外的负责管理人员;董事会授予的其他职权。公司章程对经理职权另有规定的,从其规定。经理列席董事会会议。

股东人数较少或者规模较小的有限责任公司,可以设1名执行董事,不设董事会。执行董事可以兼任公司经理。执行董事的职权由公司章程规定。

有限责任公司设监事会。监事会成员不得少于3人,设主席一人,由全体监事过半数选举产生。监事会主席召集和主持监事会会议;监事会主席不能履行职务或者不履行职务的,由半数以上监事共同推举一名监事召集和主持监事会会议。股东人数较少或者规模较小的有限责任公司,可以设1~2名监事,不设监事会。监事会应当包括股东代表和适当比例的公司职工代表,其中职工代表的比例不得低于1/3,具体比例由公司章程规定。监事会中的职工代表由公司职工通过职工代表大会、职工大会或者其他形式民主选举产生。监事的任期每届为3年。监事任期届满,可连选连任。董事、高级管理人员不得兼任监事。

监事会、不设监事会的公司的监事行使下列职权:检查公司财务；对董事、高级管理人员执行公司职务的行为进行监督，对违反法律、行政法规、公司章程或者股东会决议的董事、高级管理人员提出罢免的建议；当董事、高级管理人员的行为损害公司的利益时，要求董事、高级管理人员予以纠正；提议召开临时股东会会议，在董事会不履行本法规定的召集和主持股东会会议职责时召集和主持股东会会议；向股东会会议提出提案；依照《公司法》第一百五十一条的规定，对董事、高级管理人员提起诉讼；公司章程规定的其他职权。

监事可以列席董事会会议，并对董事会决议事项提出质询或者建议。监事会、不设监事会的公司的监事发现公司经营情况异常，可以进行调查；必要时，可以聘请会计师事务所等协助其工作，费用由公司承担。监事会应当对所议事项的决定做成会议记录，出席会议的监事应当在会议记录上签名。

（5）有固定的生产经营场所和必要的生产经营条件。

2. 设立程序

（1）领表。申请人凭《企业名称预先核准通知书》向登记机关领取《公司设立登记申请书》，按表格要求填写。

（2）提交材料。申请有限责任公司设立，须提交材料、证件：公司董事长签署的设立登记申请书；全体股东指定的股东代表或者共同委托代理人的委托书及其代表（或代理人）的身份证明；公司章程；会计师事务所或审计师事务所出具的验资证明，同时提交企业（公司）注册资本（金）入资专用存款账号余额通知书；股东的法人资格证明；载明公司董事、监事、经理姓名、住所的文件以及有关委派、选举或者聘任的证明；公司法定代表人任职文件和身份证明；《企业名称预先核准通知书》；公司住所证明；法律、行政法规规定必须报经审批的，还应提交有关部门的批准文件。登记机关要求提交的其他文件、证件。

（3）受理审查。申请人提交材料后，领取编有号码的《工商企业（公司）申请登记受理收据》。登记机关从受理之日起30天内做出核准决定。

（4）领取《企业法人营业执照》。公司登记申请被核准后，由公司的法定代表人凭《工商企业（公司）申请登记受理收据》领取《企业法人营业执照》。其他后续手续还要凭营业执照到公安局指定的单位刻公章、财务章；办理企业组织机构代码证；银行开基本户；领取执照后，30日内到当地税务局申请领取税务登记证；申请领购发票等。当然公司类型不同和地方要求不同可能手续也有所不同，手续齐备后，才能正式开业。

五、家庭农场

（一）家庭农场登记所需材料

家庭农场登记需要的申报材料如下。

（1）专业农场申报人身份证明原件及复印件。

（2）专业农场认定申请及审批意见表。

（3）土地承包合同或经鉴证后土地流转合同及公示材料（土地承包流转等情况）。

（4）专业农场成员出资清单。

（5）专业农场发展规划或章程。

（6）其他需要出具的证明材料。

一般有如下材料：第一，土地流转以双方自愿为原则，并依法签订土地流转合同；第二，土地经营规模，如水田、蔬菜和经济作物经营面积30公顷以上，其他大田作物经营面积50公顷以上，土地经营相对集中连片；第三，土地流转时间，10年以上（包括10年）；第四，投入规模，投资总额（土地流转费、农机具投入等）要达到50万元以上；第五，有符合创办专业农场发展的规划或章程。

（二）家庭农场的注册类型

申请人根据生产规模和经营需要可以选择登记为个体工商户、独资企业、合伙企业和有限公司。登记类型根据家庭成员共同要求确定，但组织形式应为家庭成员经营。

（1）申请登记为个体工商户类型的家庭农场，依据《个体工商户条例》及相关规定办理登记。

（2）申请登记为个人独资企业类型的家庭农场，依据《中华人民共和国个人独资企业法》及相关规定办理登记。

（3）申请登记为合伙企业类型的家庭农场，合伙人是同一家庭成员，依据《中华人民共和国合伙企业法》及相关规定办理登记。

（4）申请登记为公司类型的家庭农场，公司股东是同一家庭成员，依据《公司法》及相关规定办理登记。

（三）家庭农场的注册登记名称

申请人可根据自身条件和发展需要，自主申请登记为个体工商户、公司、个人独资企业或者合伙企业。

针对部分地方曾出现的家庭农场登记注册名称混乱现象，根据《关于实施家庭农场培育计划的指导意见》要求，申请注册登记的家庭农场名称必须有统一规范。例如，申请登记为个体工商户类型的家庭农场，依据《个体工商户条例》及相关规定办理登记，个体工商户家庭农场名称统一规范为"行政区划+字号+家庭农场"；申请登记为有限责任公司类型的家庭农场，依据《公司法》及相关规定办理登记，公司制家庭农场名称统一规范为"行政区划+字号+家庭农场+有限（责任）公司组织形式"或"行政区划+字号+行业+家庭农场+有限（责任）公司组织形式"；也可以申请登记为个人独资企业或者合伙企业。

家庭农场与一些养殖、种植大户不同,家庭农场有营业执照,可通过开展经营活动,提高自身知名度,随后通过申请注册商标的方式,形成自有品牌。家庭农场在申请注册商标后,其品牌效应会随着品牌知名度提升而不断增强。

我国地貌、气候、土壤类型及其组合方式复杂多样,农产品品种丰富,许多产品品质独特,具有丰富的地理标识资源和建立农产品品牌的天然条件。家庭农场的名号可以采取当地有名的山川河流、家庭农场的经营者、特色种植养殖加工等方法命名。

六、农民专业合作社

农民专业合作社是指在农村家庭承包经营的基础上,农产品的生产经营者或者农业生产经营服务的提供者、利用者,自愿联合、民主管理的互助性经济组织。

(一) 设立条件

设立农民专业合作社,应当具备下列条件。

1. 有5名以上符合《农民专业合作社法》[①] 第十九条、第二十条规定的成员

《农民专业合作社法》第十九条规定:"具有民事行为能力的公民,以及从事与农民专业合作社业务直接有关的生产经营活动的企业、事业单位或者社会组织,能够利用农民专业合作社提供的服务,承认并遵守农民专业合作社章程,履行章程规定的入社手续的,可以成为农民专业合作社的成员。但是,具有管理公共事务职能的单位不得加入农民专业合作社。农民专业合作社应当置备成员名册,并报登记机关。"

《农民专业合作社法》第二十条规定:"农民专业合作社的

---

① 《中华人民共和国农民专业合作社法》简称《农民专业合作社法》。

成员中,农民至少应当占成员总数的百分之八十。成员总数二十人以下的,可以有一个企业、事业单位或者社会组织成员;成员总数超过二十人的,企业、事业单位和社会组织成员不得超过成员总数的百分之五。"

2. 有符合《农民专业合作社法》规定的章程

农民专业合作社章程应当载明下列事项:名称和住所;业务范围;成员资格及入社、退社和除名;成员的权利和义务;组织机构及其产生办法、职权、任期、议事规则;成员的出资方式、出资额,成员出资的转让、继承、担保;财务管理和盈余分配、亏损处理;章程修改程序;解散事由和清算办法;公告事项及发布方式;附加表决权的设立、行使方式和行使范围;需要载明的其他事项。

3. 有符合《农民专业合作社法》规定的组织机构

主要机构有农民专业合作社成员大会、理事会、执行监事或监事会。

(1) 权力机构——成员大会。成员大会是由全体成员组成的,农民专业合作社成员超过150人的,可设立成员代表大会。

农民专业合作社召开成员大会,出席人数应当达到成员总数2/3以上。

成员大会选举或者作出决议,应当由本社成员表决权总数过半数通过;作出修改章程或者合并、分立、解散,以及设立、加入联合社的决议应当由本社成员表决权总数的2/3以上通过。

(2) 执行机构——理事会。农民专业合作社设理事长一名,可以设理事会。理事长为本社的法定代表人。

理事会会议的表决,实行一人一票。重大事项集体讨论,并经2/3以上理事同意方可形成决定。理事个人对某项决议有不同意见时,其意见记入会议记录并签名。理事会会议邀请执行监事或者监事长、经理和若干成员代表列席,列席者无表决权。

(3) 监督机构——执行监事或监事会。农民专业合作社可以设执行监事或者监事会。理事长、理事、经理和财务会计人员不得兼任监事。

理事长、理事、执行监事或者监事会成员,由成员大会从本社成员中选举产生,依照本法和章程的规定行使职权,对成员大会负责。监事会会议的表决,实行一人一票。

4. 有符合法律、行政法规规定的名称和章程确定的住所

农民专业合作社的名称是指合作社用以相互区别的固定称呼,是合作社人格特定化的标志,是合作社设立、登记并开展经营活动的必要条件。一般来说,农民专业合作社的名称可以由行政区划、字号、行业性质、"专业合作社"字样依次组成。例如,天津绿缘食用菌专业合作社、广东省鹤山市盛农种养专业合作社。

合作社的住所是指法律上确认的合作社的主要经营场所,它是注册登记的事项之一。如果在经营过程中住所发生变更,必须再次办理变更登记。经工商部门登记的住所只有一个,住所的选址可以是专门的办公场所,也可以是某个成员的家庭住址,但必须是所在登记机关辖区范围内。

5. 有符合章程规定的成员出资

农民专业合作社成员可以用货币出资,也可以用实物、知识产权、土地经营权、林权等可以用货币估价并可以依法转让的非货币财产,以及章程规定的其他方式作价出资;但是,法律、行政法规规定不得作为出资的财产除外。

成员以非货币方式出资的,由全体成员评估作价。以非货币方式作价出资的成员与以货币方式出资的成员享受同等权利,承担相同义务,成员出资经审核同意后可以转让给本社其他成员,

合作社按实际出资向本社成员颁发成员证书,并载明成员的出资额。

农民专业合作社成员不得以对该社或者其他成员的债权,充抵出资;不得以缴纳的出资,抵销对该社或者其他成员的债务。

(二) 设立程序

农民专业合作社设立的条件成熟后,即可由全体设立人指定的代表或者委托的代理人向登记机关提交材料,进行注册登记。

1. 提交材料

申请设立农民专业合作社,应当由全体设立人指定的代表或者委托的代理人向登记机关提交登记申请书;全体设立人签名、盖章的设立大会纪要;全体设立人签名、盖章的章程;法定代表人、理事的任职文件及身份证明;出资成员签名、盖章的出资清单;住所使用证明;法律、行政法规规定的其他文件。

2. 领取营业执照

登记机关应当自受理登记申请之日起二十日内办理完毕,向符合登记条件的申请者颁发营业执照,登记类型为农民专业合作社。申请者可以按照相应的日期领取营业执照。

3. 刻印公章

农民专业合作社营业执照下发后,到公安机关(或行政许可大厅公安特许窗口),依据《中华人民共和国印章管理办法》提交农民专业合作社法人营业执照复印件、法人代表身份证复印件、经办人身份证复印件等材料后刻印公章。目前专业合作社需要的公章有行政章、财务专用章、法人代表章共3枚。

4. 银行开户

公章刻印后,到任意一家商业银行(一般是农村信用社或农业银行),依据《中央银行存款账户管理办法》提交合作社法人营业执照及其复印件、法定代表人的身份证及其复印件、经办人

第八章　实施创业计划

员身份证明原件、相关授权文件办理账号和账户,以及电子结算密钥等。

5. 政府机关备案

办理完银行手续后,需要到所在地乡镇政府的农业经济办公室办理登记,登记时需要携带营业执照、合作社简介(简介注明:理事长名字、电话、合作社办公地址、邮箱)等资料;最后要到市场监督部门备案,备案时需要提交法人营业执照复印件、组织机构代码证书复印件、农民专业合作社法人代表身份证复印件、税务登记证正副本复印件等资料。

第四节　管控创业的进程

一、做好准备工作

1. 认真研究政府政策环境和项目特点

要充分收集、认真研读国家关于创业项目的有关政策规定,利用好有关该项目在土地、资金、税收、物质奖励等方面的扶持优惠政策,避开国家在某些层面的不利限制,利用政府营造的优良外部环境,争取有利的发展空间,为企业创造乘势而上的创业氛围。同时,要充分了解项目实施遇到的困难和问题,未雨绸缪,计划越周密、准备工作越细致,工作进展越顺利,越容易形成良好的开局,为成功创业打下良好基础,做好扎实铺垫。

2. 做好项目审批工作

项目审批前要研究审批的内容和程序,做好审批工作要求的各方面准备工作。要制订项目实施方案和项目创业计划书。只有按照预先方案要求,做好充分的准备,才能做到有计划、有步骤,工作开展才能有条不紊,事半功倍。

3. 做好开工准备

项目进入审批阶段，已经是弓在弦上，进入操作阶段将迫在眉睫，需要着手考虑厂房、设施设备、原材料、资金、劳动力、技术人员、销售人员、管理团队等，要根据时间节点和工作的陆续展开，各方面都要整装待发，不断到位，确保各项工作的有序推进。

二、组织的协调统一

1. 政令统一，信息高效

团队建设的基本点是号令统一，政令出多口，众口不一，下属就会无所适从，不知该干什么，不知如何干。这与军团作战一样，对于同一个士兵群体，如果一个将军让向东进攻，另一个将军让向西进攻，士兵就会不知所措，乱作一团，结果肯定会一败涂地。同样，企业生产单位如果面临多头领导指挥，就会造成令出多头，指挥失灵。因此，组织领导的科学分工、协调一致对企业发展尤为重要。不仅内部要如此，对外联络也要保持高度一致，实行对口管理，才不至于造成对外政策的矛盾不一。同时，要保证团队的高效运转，必须建立信息快捷的沟通渠道，保证日常工作处于良性工作状态和遇到突发事时做出快捷反应。

2. 加强各部门的沟通配合

创业初期刚进入工作阶段，各部门难免对自己的工作职责不清，人与人的工作也处于高度磨合状态，再加上各项制度也刚刚建立，肯定有不完善的地方，这就会造成各部门工作协调有缺口、有漏洞情况发生，要不断巡查各方面工作运转的状态，发现问题，及时明确责任，不断完善工作职责，做到无缝对接。同时，要加强团队教育，使员工树立主人翁意识，做到不越位、会补位，增强大局意识，提高团队作战思想，加强沟通协调配合，增强凝聚力和战斗力。

3. 加强系统的测试和监控，及时总结与反馈

企业要加强运行状态的测试和监控，不仅要考核员工的工作能力、责任心，还要监测团队协调配合的情况。要不断总结工作中取得的成绩和存在的问题，对典型案例要举一反三。对于有积极表现的要采取一定的方式予以奖励，对于做法欠妥的行为也要给予一定的警示。让大家牢记责任、能力和团队协调配合对企业的重要意义。当然，鼓励或警示要根据不同情况，采用不同的策略，不要造成适得其反的效果。

三、良好的试运营

试运营是对团队的重要考验，不仅对于领导是考验，对一般工作人员也是如此。因为大家是刚刚组合在一起的同事，要把一些生产要素整合在一起，完成一项新的工作任务，这是一项全新的挑战。正如一台刚刚组装的机器，能不能正常运转，全靠开始启动时，对各部件的功能不断进行调整，使之成为能够协调配合的整体，经过一定时间的验证，如果运行平稳，才能合格使用。创业初期，领导团队工作压力最大，要时刻关注生产经营各方面的运行动态，不断调整部门功能，直至形成良好的工作运行状态，工作走上正轨；否则，起跑不好，与对手竞争开始就处于不利的状态，工作局面就很被动，甚至可能被淘汰。

四、重视新产品

（一）新产品上市

新产品上市，需要做好以下 4 个方面的工作。

1. 产品宣传

"酒香也怕巷子深"，再好的商品上市都需要宣传，要让自

己的产品发声,让目标客户群体知道。不同的产品都有自己独特的销售渠道,选对了销售渠道,事业就成功了一半。品牌进入渠道的方式主要有以下3种。

(1) 聚焦进入法。集中优势,突击一点,实现突破。

(2) 借力进入法。借助与自己相关的其他已有品牌和商品的影响力,进入市场。

(3) 采用创新的方式。例如,借助互联网渠道让品牌发声,甘肃省民勤蜜瓜借助各大电商平台和社交平台,让自己的品牌发声,蜜瓜还在地里就已经被预订一空,再也不怕丰收烂果,创造了农产品销售的经典。

2. 塑造品牌

新产品出来,通常没有品牌知名度,销售渠道和网络也没有建好,广告和促销资源也有限,为此一定要树立品牌意识,告诉客户"我是谁"。在产品还没有面世时就应该先确定好品牌的价值理念、核心内容,提前做好品牌宣传。

3. 确保良好的消费体验

一个新产品推向市场,第一次的消费体验非常重要,第一次的消费体验良好,会带来后续消费,而产品品质和服务是否稳定,则影响其在市场的发展后劲。在商品种类极大丰富的今天,一旦产品品质或服务出现问题,影响了客户的消费体验,那么就会立即有更好的商品和服务取代你的位置。

4. 合理的价位

价格通常是影响交易成败的重要因素,同时又是最难以确定的因素。定价的目标是促进销售,获取利润。既要考虑成本的补偿,又要考虑消费者对价格的接受能力。在定价时,可以参考同类商品的价格,也可以考虑自己的成本和目标利润,进行合适的定价。

（二）新产品的推广

选好新产品推广的上市时机。如果能在旺季到来之前上市，季节推动、人员推动、政策推动三股力量同时使劲，新产品推广将更容易快速启动成功。

选择重点区域，集中人力、物力扫街式铺货，重点突破，引爆市场，打对手一个措手不及，快速占领市场。通过高密度的市场覆盖增强经销商的信心，而且产品的高铺货率可以塑造销售气氛，同时带动周边市场。产品在终端的高铺货率是最好的终端广告，可以使消费者看得到、想得到、买得到。

通过波浪式的持续推广策略，分阶段调整促销力度。第一阶段采用大促销力度引爆市场；第二阶段减少促销力度，回归正常的通路竞争；第三阶段再次加大促销力度，进行通路和终端拉动，巩固提升销量，最终把新产品推向成功。

五、快速开发区域市场

开发区域市场就是在一个空白的区域找到合适的客户，与之建立起合作关系，实现对区域终端客户的覆盖。快速开发区域市场需要从以下3个方面入手。

（1）快速了解该区域市场的宏观和微观环境，对区域市场的规模大小、消费潜力等作出判断，设定销售目标和工作目标。宏观环境包括当地的经济发展水平、人口数量、交通物流水平等，微观环境包括当地有关本行业的主要渠道业态、市场数量、市场大小、市场特色、竞争对手在当地的表现等。

（2）通过市场走访及其他途径搜集信息，制订一段时间内客户开发的主要目标：销售目标分解、客户开发数量、客户类型、投入的资源等。明确为客户提供什么，从客户那里获得什么。

（3）搜集意向客户信息并拜访。先进行市场走访，拜访意向客户。包括直接客户和互补产品、无竞争关系的客户。拜访后根据一定的标准，筛选出最合适的客户进一步洽谈。确定合作关系后，尽快落实相关承诺，完成客户打款、进货等事宜。

六、品牌管理

（一）创建品牌

品牌是给拥有者带来溢价、产生增值的一种无形资产的载体，是用于和其他竞争者的产品或劳务相区分的名称、术语、象征、记号或者设计及其组合。也可以通俗地理解为品牌就是自己产品标识的知名度。

（1）创建自己的品牌，建议首先注册自己专有的商标。虽然不注册商标也可以打造品牌，但是一旦品牌形成知名度被别人抢注商标，自己的利益就会遭受损失，别人注册的商标名称你无法使用，或者需要高价购买方可使用。所以，创品牌最好先注册商标，注册可以自己办理，也可以找代理机构代为办理，收费在几百元到几千元不等。

（2）创建自己的品牌，务必确保产品优质。产品优质是品牌创建的前提条件。如果品质不良，那么你的品牌就成了劣质商品的代名词，不会产生品牌美誉度，自然也不会带来经济效益。

（3）创建自己的品牌，务必确保服务优质。在产品优质的前提下，提供优质的服务，品牌创建会如虎添翼。优质的服务不仅可以满足消费者的本次消费需要，还能带来愉悦的消费体验，从而驱动消费者在下一次有相同需求的时候再次到你这里消费。好的消费体验和品牌美誉度会带来多次重复消费，而开发一个新客户的成本是维护一个老客户成本的5~10倍。

（4）创建自己的品牌，需要进行适度宣传。宣传的作用是为了让更多的消费者了解你的商品和服务。宣传可以是自己投放广告宣传，也可以是老客户口碑相传等。目前在电商领域的创新营销模式社交电商，正是利用了老客户口碑相传的特点进行营销。

（二）维护品牌

品牌维护是指企业针对外部环境的变化给品牌带来的影响所进行的维护品牌形象、保持品牌的市场地位和品牌价值的一系列活动的统称。品牌作为企业和顾客沟通的最有效、最忠诚的载体，向来备受重视。品牌维护更是一项重要工作，关系着企业的生存和持续发展。品牌的维护流程可以概括如下。

（1）推广品牌价值核心。品牌建设是一个漫长的过程，这个阶段的广告投入、文化塑造、品牌竞争力分析都将对品牌的成长起到关键作用。品牌一旦为消费者所熟悉并称道，就表示该品牌已经具有了一定的忠诚顾客群，有了无形价值，这个过程正是推广品牌核心价值的过程。

（2）品牌细分和延伸。一个深谙市场营销法则的企业可以同时运作多个品牌。如2020年6月中旬，三只松鼠陆续推出了小鹿蓝蓝、铁功基、养了个毛孩、喜小雀4个子品牌，分别切入婴童食品、方便速食、宠物食品、定制喜礼的细分市场。不同品牌针对不同细分市场的顾客需求差异性，以满足各类需求从而达到垄断市场或市场最大化的目的。但是多品牌策略并非适合所有公司，如果主打品牌还处于和顾客的磨合期，品牌影响有限、市场有限，则不宜进行多品牌策略。

（3）及时的品牌危机公关。当出现了对品牌美誉度有重大影响的危机事件时，要及时进行品牌危机公关，保护品牌形象和价值，将危害和不利影响降到最低。品牌是企业进行市场竞争的核心要素，使品牌卓然出众，才能在市场竞争中谋得一席之地，品牌维护工作是一项长期任务。

七、不断提高团队能力

企业良好的生产经营状态，必然有素质优良的战斗团队。要注意提高各方面人才的能力，不断适应企业的发展变化。要提高技术管理人员和员工的整体素质，充分调动员工的积极性，不断进行技术创新、管理创新、营销策略创新，成为行业发展的领跑者。

八、做好市场风险防范

乡村创业时面临的潜在风险主要是市场风险，在评估乡村创业项目时需要全面考虑各种因素，并制定相应的风险管理策略。

（一）乡村创业面临的市场风险

1. 市场需求和竞争状况

乡村创业项目的市场需求和竞争状况是影响其成功与否的重要因素。如果市场需求过于饱和或竞争过于激烈，项目就会受到限制。

2. 消费者偏好的变化

随着消费者需求的不断变化，乡村创业项目需要不断进行创新和改进，以满足消费者的需求。如果项目缺乏创新或无法适应消费者的变化需求，就会失去市场份额。

3. 价格波动

由于市场竞争激烈，农产品等商品的价格很容易受到原材料成本、运输成本、人工成本等因素的影响，价格波动较大。如果项目无法灵活调整价格，就会面临价格压力。

4. 政策法规的变化

政策法规的变化可能会对乡村创业项目产生重大影响。如果项目所在地的政策法规发生变化，而项目没有及时适应，就可能导致项目的失败。

（二）乡村创业市场风险的防范

针对以上市场风险，乡村创业者可以采取以下措施进行规避。

了解市场需求和竞争状况：深入了解当地市场需求和竞争状况，研究消费者的需求和喜好，制定切实可行的市场营销策略。

1. 创新和改进

不断进行创新和改进，以满足消费者的需求，提高项目的竞争力。

2. 灵活调整价格

根据市场变化和消费者需求，及时调整价格，保持项目的盈利能力。

3. 关注政策法规的变化

密切关注当地政策法规的变化，及时了解政府政策和法规对项目的影响，并作出相应的调整。

4. 建立良好的网络渠道

积极建立良好的网络渠道，与消费者建立密切联系，提高项目的销售机会。

5. 加强与政府合作

积极与政府合作，争取政府政策和支持，降低项目面临的政策风险。

6. 建立风险管理体系

建立完善的风险管理体系，及时识别和应对市场风险，保证项目的稳定运营。

第九章 农村创新创业典型案例

案例一：返乡创业，种菜致富

清晨的太阳刚爬上山，秦仁贵就带着工人把一筐筐辣椒、茄子、黄瓜、西红柿从大棚里搬出来装上车。按照约定，那天是给仓上、西营、双丰3个学校送菜的日子。

46岁的秦仁贵家住白河县仓上镇灯塔村，是当地有名的"产业能人"。3年前，听说他要回乡种大棚蔬菜，好多人都不相信。"不晓得他要折腾啥？这不是自讨苦吃嘛！"村民们议论纷纷。

乡亲们的不理解也属正常。秦仁贵在外面打拼了20多年，从挖煤工干到包工头，积攒了一些家底。"挖煤工，来钱快，三年系上金腰带。"乡亲们都知道秦仁贵"箱底厚实"。

2016年春节，亲友们聚在一起讨论，如今出门挣钱越来越难，家门口又没有厂矿企业，出门打工不是长久之策，要是有人牵头搞产业，就能让一部分闲散劳力有事做，增加收入。大家也是闲谝，秦仁贵却从此萌生了回乡创业、带动乡亲们一起脱贫致富的想法。

尽管家人反对，秦仁贵还是回来当起了"菜老板"。

灯塔村坐北向南，土质肥沃，光照时间长，有种植大棚蔬菜的自然条件。创业第一步，秦仁贵先去山东寿光考察学习大棚蔬

第九章　农村创新创业典型案例

菜种植技术。

"取经"回来，秦仁贵按照大棚标准整地建园，投资 200 万元，流转山地 90 亩，申请注册了"绿佳农业综合开发有限公司"。建园期间，33 户贫困家庭实现了就近务工创收。

秦仁贵还从山东请来专业师傅指导种植。第一年，7 座大棚喜获丰收，通过环保评估和政府牵线推介，他的蔬菜大部分供应给了当地中小学校。

"一座黄瓜大棚，一年毛收入有 9 万多元，当初我把几百万元投到这里面，别人说我疯了，现在想来还是值得的。"在一座结满黄瓜的大棚里，秦仁贵高兴地说。

2018 年，秦仁贵作为产业帮扶带头人被评为镇人大代表，绿佳公司被评为市级农业园区。

案例二：林下养鸡，养出好"钱景"

步入贵州省毕节市七星关区田坎乡百诚养鸡专业合作社的林下土鸡养殖基地，满山遍野的树木郁郁葱葱。放眼望去，林中鸡舍错落有致，树下土鸡成群结队，有的在追逐斗架，有的在捕食昆虫，有的站在枝头"引颈高歌"……

"咕咕咕……咕咕咕……"随着合作社理事长李顺江的呼唤声，上百只"跑山鸡"从四面八方朝他飞奔而来，他将玉米粒撒在地上，土鸡争相抢食，现场一片闹腾。

李顺江早年一直在外打工谋生，凭借着吃苦耐劳、善于学习的品质和敢做敢闯的精神，他积累了返乡创业的"第一桶金"。

在外打拼的日子，李顺江一直与养殖行业打交道，因此，他积累了大量的养殖专业技术和经验，"我的家乡生态环境好，在外打工毕竟不是长久之计，何不返乡创业？"一天，李顺江将自已准备回家创业的想法告诉了妻子，妻子很赞同。

说干就干。2008年，李顺江从广西返乡创办了七星关区田坎乡百诚养鸡专业合作社，注册资金100万元。一路走来，李顺江始终在探索中不断谋求新的发展方向——从起初鸡苗批发，转型为肉鸡养殖，再到如今的生态土鸡养殖。

经过多年发展，田坎乡百诚养鸡专业合作社发展成了一家集孵化、育雏、饲养、加工、培训、销售于一体的专业合作社，并培育出了深受消费者喜爱的地方优质土鸡品种——白脚土鸡。

过硬的技术和丰富的养殖经验，让平时寡言少语的李顺江说起生态土鸡来头头是道。"为了提高林下土鸡的附加值，在生鸡已经获得市场认可的情况下，我们对土鸡进行了深加工，研制出了养生与美味为一体的田坎药焗鸡。"谈及合作社的生态土鸡产品，李顺江脸上难掩骄傲。

"基地饲养的鸡平时吃的是虫、草，喂的是玉米，所以基地养的鸡生长周期比一般肉鸡要长，至少8个月才能出栏。"李顺江介绍，坚持生态喂养加上土鸡平时活动量大，养殖出的土鸡具有肉质紧实、蛋白质丰富等特点，在市场上供不应求。

目前，合作社每月出栏生态土鸡5 000羽，每月售出生态土鸡蛋30多万枚，田坎药焗鸡及生态鸡蛋远销四川、贵阳等地，并在七星关区同心路开设了专卖店。

李顺江打开了林下生态养殖的致富路，也为当地群众增收创收提供了新渠道。

"我到基地上班五年了，一年有两万多的收入，足够一家人的开销。"基地务工人员李定德是一名建档立卡贫困户，家里两个孩子还小，妻子患有精神疾病，他自己常年药不离身，没办法外出务工。现在，李定德就在基地里负责孵化照看鸡苗，收入稳定还方便照顾家人，日子越过越有盼头。

第九章　农村创新创业典型案例

产业发展到了家门口，尝到甜头的不只是李定德一个人。一直以来，合作社秉承"做大做强、带动群众、共同致富"的经营理念，除了基地吸纳就业为乡亲们提供增收渠道外，还通过为农户发放鸡苗、提供技术支持以及回购产品等方式带动群众增收致富。

"合作社现在共有土鸡6万多羽，其中有3万余羽是发放给农户饲养的，只要农户愿意，我们还给他们购买孵化设备，为他们提供技术支持。"李顺江告诉记者，目前，林下养殖产业主要分布在白沙河、茨竹、青杠、大元4个村，累计带动了贫困户132户423人参与产业发展。

田坎乡百诚养鸡专业合作社的成功是七星关区充分利用林下空间，发展节约型、健康型、生态型林下经济，将本地林地资源转换为经济优势，助推当地产业发展的一个缩影。

"我们要进一步发挥好林业部门的作用，对跑山鸡项目要抓好林地使用的办理，做到简化手续程序、应办尽办。"七星关区林业局党组书记、局长马兴江介绍，在今后的工作中，七星关区林业局将积极向省林业局申报项目，争取得到上级部门政策技术支持，加大力度扶持七星关区的跑山鸡项目，让七星关区跑山鸡成为带动老百姓走上致富"快车道"的助推器。

案例三：创办针织厂，为家乡产业发展鼓与呼

安徽省灵璧县尹集镇三村村华兴针织厂经理张兴，在带领全村群众脱贫致富的同时，积极号召家乡在外务工的成功人士返乡创业，在当地形成了40多家针织产业集群，为全镇乡村振兴和产业发展，奠定了良好的基础。

该厂主要从事各类袜子的定型工作。经理张兴自2003年到

浙江诸暨市务工，从事袜子织造工作。10多年来，他边工作边摸索，在赚到第一桶金的同时，较好地掌握了袜子的织造技术。2017年春节张兴回家后发现，家乡还有不少剩余劳动力。他毅然放弃诸暨市的高薪工作，返乡创业，办起了华兴针织厂。

在车间里，记者见到了王毛笛，她父亲身体残疾，需要人照顾，无法外出务工，华兴针织厂为她提供了务工顾家两不误的平台，也让她看到了美好生活的希望。

王毛笛说："俺爸残疾，我不能出去打工，搁家照顾俺爸，村里开这个扶贫厂，我来这干一个月两千多块钱，虽然不跟外面挣得多，但搁家能照顾俺爸。"

在车间里，像姬奎英这样的老人，也能找到自己的工作，她今年75岁了，干起活来像年轻人一样熟练。她边忙活边向记者介绍在这里的工作情况。

姬奎英说："我现在75岁，在马沟定形袜厂打工，套袜子，一个月能弄1 000多块钱，省儿女负担，够自个儿开支用的。"

在华兴针织厂，像王毛笛、姬奎英这样的工人共有60人，工人月平均工资在2 500元左右。张兴在做大做强华兴针织厂的同时，积极宣传县委县政府返乡创业政策，积极号召在外务工人员返乡创业。目前，在三村村、张李庄、马沟庄等村庄，像华兴针织厂这样的袜业织造厂共有42家，形成了规模较大的产业集群，这个产业群共带动群众就业2 500人。

华兴针织厂经理张兴说："回来这几年呢，确实也看到一些成效，剩余劳动力就业也起到一点小起色，下一步我打算号召在外创业的成功人士返乡创业，能更多地解决家乡剩余劳动力和群众就业问题。"

第九章 农村创新创业典型案例

案例四：银饰锻造工艺，帮助村民创业增收

走进贵州省黔东南苗族侗族自治州雷山县"银匠村"——麻料村，木制吊脚楼依山而建、鳞次栉比，寨内古树参天，周边群山环绕。萦绕众人耳边的"叮当当""叮叮当当"的声音，是工匠锻造银饰发出来的，与欢庆的鞭炮声一样，让人欢喜不已。

麻料村既是中国传统村落，又是中国少数民族特色村寨的苗族"银匠村"。麻料村现有住户180户、746人，苗族人口占总人口的99%。村内世代以传承银饰锻造技艺为生，银饰文化代代相传，文化艺术品位高，银匠遍布中国各地，素有"银匠村"之美誉。苗族银饰锻造技艺被列入中国第一批国家级非物质文化遗产名录。凭借深厚的银饰文化，麻料村被中国工艺美术协会评为"中国银饰之乡"。

在返乡创业村民潘仕学的"春富银饰工坊"内，叮叮当当的敲打声如乐曲一般不绝于耳，他正在为客户"私人定制"银饰品。回溯往昔，潘仕学不曾想到祖辈的这传统技艺会成为自己致富的门路。

潘仕学曾外出务工且多次碰壁。2008年回到家乡的他看到新的机会：我国政府对非物质文化遗产的重视和扶持以及贵州近年来旅游业的飞速发展，雷山县西江千户苗寨等成为网红景点，海内外的游客对当地的苗族银饰制品非常青睐。

潘仕学意识到银饰锻造工艺或许可以帮助自己致富，于是他决定不再往外跑，静下心来学这门手艺。"当时我就说不知道能不能学好，但当时看到很多订单的那一瞬间，我去打工的那些想法全然都没有了。"

为让自己的技艺更加适应市场的需求，潘仕学不断尝试将古老的非遗技艺与现代时尚的元素相结合。甚至为了新工艺,他还曾自费去千里外的地方拜师学艺。"有一个客户拿到一款新的挂饰,他说你会不会做这一款?拿到之后我就懵了,我来做可能难度很大。刚好我有个朋友在做这一块,他在河南许昌那边,我就立马订票去他那边住了一晚上,在一晚上的交谈中我就知道这个东西是怎么做出来的。这一趟自己就花了三四千元的开支,我觉得很值。"

在潘仕学看来,只有时刻和市场接轨,不断对产品进行创新才能不被市场淘汰。"东西没有创新,整天做这一块,就算是销量达到个上千上万,那你做一年、两年后就没有了。你得不断去跟进市场,设计新的款式,不停地去吸引新的客户。"为此,他逐渐学会开电商,甚至开始使用抖音,在多方的帮助下,潘仕学逐渐掌握了诀窍,一条成功的"抖音"让他收获了数万粉丝,并赢得了大量的订单。

随着知名度不断提升,慕名前来拜师学艺的学徒越来越多,先后有昆明、曲靖、南宁、毕节等地的学徒,尽管来者均为外地人,非亲也非故,但潘仕学仍精心授教。

潘仕学有自己的新年心愿:打算将银饰锻造与旅游结合,带动村里的传统工艺和旅游产业的发展,让更多的年轻人返乡创业,帮助更多的村民创业增收、发家致富。

案例五:与孔雀"共舞",带动村民脱贫致富

在武平县金桥孔雀养殖基地,300多只孔雀五彩斑斓,吸引了不少游客前往观看。创建这个孔雀基地的武平青年傅新华,怀揣着儿时的"孔雀梦"从外地返乡创业,回馈家乡。

傅新华曾从事环保行业,在外打拼多年,2019年3月,经

第九章 农村创新创业典型案例

过多方考察和学习后,他回到家乡,充分利用自家的10余亩林地资源,投入50多万元,创办了金桥孔雀特种养殖基地,开启了他的"孔雀梦"。

孔雀是"百鸟之王",具有很高的观赏、食用和药用价值,傅新华以养殖可食用的蓝孔雀为主,还引进一些可供观赏的白孔雀、花孔雀等稀有品种,以观赏带动消费,这也是傅新华看到的商机。

孔雀一般饲养到6个月即可食用,看着1 000多只孔雀即将到出栏时间,傅新华却遇到了难题。原本承接的订单因快递行业对"孔雀"食品定义的不明确,被拒绝提供配送服务。订单货品不能及时送出去,这不就断了孔雀肉对外销售的路子吗?傅新华愁眉紧锁,当武平县金桥村的村干部得知情况后,立即向县政府反映并寻求帮助。在武平县政府的关心和扶持下,傅新华很快与顺丰快递签约,改变了原本销路单一的局面。

政府的大力扶持,让傅新华备受鼓舞,也让他产生了一种强烈的使命感,帮助家乡变得更美,打响金桥孔雀品牌,把家乡的绿水青山转化为实实在在的金山银山。金桥孔雀养殖基地自然条件良好,而孵化孔雀技术对没有经验的傅新华来说又是一大难题。但随着科技下乡的推行,这一问题也迎刃而解。在福建省科技特派员林秋敏博士的指导下,傅新华养殖的孔雀不仅存活率高,且肉质纯正,一期的1 000多只孔雀投放市场后供不应求。同时,傅新华积极探索生态农业,规划新建种植区300余亩,将基地打造成孔雀养殖和果树种植相结合的循环林下经济产业链,把孔雀粪便收集处理作为优良的有机肥料,不仅减少了孔雀养殖中造成的污染,也种植出了无公害绿色有机食品。

为了把养殖场做大做强,带动更多村民致富,傅新华还决定每年向周边的农户提供孔雀种苗,并传授孔雀养殖技术,以"公

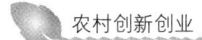

司+合作社+农户"的模式，不断扩大孔雀养殖规模，以此带动更多的村民走向致富之路。

案例六：返乡创业天地宽，鸡鸭群里"拔穷根"

近年来，麻江县出台多项政策，大力鼓励外出务工人员返乡创业，并根据农村实际，将发展富民多元产业作为切入点，引导新型职业农民大力发展种植、养殖、加工等项目，着力拓宽群众致富渠道，增强致富能力。在这次返乡创业的热潮中，谷硐镇大冲村的罗康辉紧紧抓住机遇，大力发展养殖，并靠着自己的不懈努力，慢慢走上了小康之路，成为当地返乡创业的榜样。

葱郁的山林下，散布着一亩多宽的鱼塘；山坡上一群小鸭上蹿下跳，四处觅食；不远处的鸡舍里，养殖户罗康辉正在检查土鸡的生长情况，忙得不亦乐乎……

罗康辉今年35岁，以前跟很多农村年轻人一样常年在外打工。2018年，罗康辉偶然在电视上看到了关于土鸡、土鸭养殖的信息，于是就动起了小心思，考虑到最近几年来行业竞争越来越激烈，很多行业效益都处于下滑状态，反而是绿色生态农产品深受群众喜爱，在市场上畅销不衰，加上政府对于返乡创业的年轻人持支持态度，于是罗康辉就萌生了返乡发展养殖的创业思路。

"起初的时候，我在浙江、江苏一带打工，也是响应家乡的号召，回到我们家乡，自己租了一亩多地，来养鸡鸭。"罗康辉说道。

罗康辉发现农村老家周围山坡上的植被都长得很好，鸡和鸭如果放在那里散养的话肯定会很好。于是说干就干，罗康辉上网查阅了很多关于土鸡、土鸭养殖的信息，并且从多方面入手了解市场行情，还到周边很多地方去考察学习，经过一系列的准备，2019年7月的时候，罗康辉投资了近11万元，从广西引进了2 000只鸡和1 000只鸭，开始了自己的养殖之路。

"发现这里有天然的屏障……在这个生态（好）的地方养鸡、养鸭特别合适。"罗康辉说。

由于前期准备得当，加上养殖环境好，鸡鸭可以在山间自由觅食，为纯天然饲养，肉质好。罗康辉2019年出栏的第一批鸡和鸭还未来得及拿到市场上出售，很快就被周边地区的收购商抢购一空。

养殖的第一批鸡和鸭让罗康辉看到了养殖业的前景，也尝到了赚钱的甜头。一产养殖发展起来了，罗康辉就开始着手二产和三产，在养殖场增设的鱼塘里投放了将近800尾鱼，形成林下生态养鸡鸭，鸡鸭粪便供养生态鱼的套养模式，并将自己的养殖经验在村里进行推广，带动更多的人参与进来，共同致富。

"下一步我准备扩大养殖规模，准备阶梯式的养殖，希望在以后得到各方面的支持，在我们家乡谋取更多的福利，让我们有更多的合伙人，能够一起带动我们家乡走上致富道路。"罗康辉说。

案例七："电商"快车，让特色农产品走向全国

王驰是一名"90后"，用他自己的话说，他是一个平凡人，可是平凡的他却有着不平凡的农业梦想。在陕西科技大学毕业后，他先是在一家外企工作，但在看到了农村发展的巨大潜力后，他毅然选择回到了老家周至，当起了一个"不走寻常路"的农民。

2015年是王驰创业的起点，也是他接触农产品的第一年。

当时他看到有乡亲用冷冻的荠菜包饺子，便有了将秦岭荠菜销往外地的想法。在经过一系列市场调研之后，他率先选取了秦岭荠菜、野生洋槐花等投资小、竞争低的产品，并在周至县电商微商联盟的帮助下，将产品通过电商平台销售到了全国各地。

第一桶金的获取，让这位年轻人开始认真地审视自己的家乡：周至的乡下，农民们渐渐地老了，而他们种出来的优质农作物，却因为信息不对等出现滞销……如何让这些好产品走出家乡，帮助农民获得收益，也让远方的朋友尝到不一样的秦岭味道，成为了这个年轻人生活的主题。

于是王驰下决心成为一个真正的农民，2016年起，他与志同道合的伙伴着手打造自己"不平凡梦想农场"，种植了5个瓜果大棚，1个花卉大棚，10亩苗木，15亩猕猴桃和2亩果桑园。在一边学习种植、一边摸索电商的过程中，他对"爱农业、懂技术、善经营"这句话有了更深刻的体会。怎么卖出去，卖什么产品，怎么做到可持续输出，这3个问题也伴随着他成长为一个新时代农民。

加入周至县电商联盟，跟周至电商人一起交流电商创业心得，通过政府的帮助和自身的努力，王驰与团队们率先解决了怎么卖出去的问题。

而产品的选品与种植又是横亘在眼前的另一个问题。秦岭的特色季节性产品是电商渠道的一个重要组成，洋槐花、婆婆丁、香椿等，为他们吸引着来自全国各地的饕客。

猕猴桃、樱桃、水蜜桃、黑布林等周至特色农产品，则是团队的拳头产品，仅2018年一年，团队就帮助5户农户销售黑布林8万余斤（4万余千克）左右，帮助30多农户销售猕猴桃65万斤（32.5万千克）左右，为富余农村劳动力创造了超过6 000小时的劳动机会，更帮助15人走上了水果电商之路。与此同时,"铁杆"客户数量增加到 1 000 个,2019 年全年销售额 185 万元左右,合作团队 8 个,活跃代理 30 个左右,5 个线下店铺。

在电商同步发展的同时,王驰积极参加农业局组织的高素质农民培训。经过学习了解,与团队尝试种植"童年味道"的西红柿——普罗旺斯。在周至县农业局相关部门的帮助下,他先后多次去西北农林科技大学学习种植技术,并把优秀的产品放上了扶贫超市,得到了消费者的认可。

现在,王驰已经是周至县电商联盟核心成员,并获得了首届西安市农村电子商务大赛创业组第一名、第二届西安市丰收节第二名、陕西省技术能手称号。对于这些荣誉他觉得自己有了更大的使命感和责任,他的目标是成为一个能帮助更多乡亲、带动家乡发展的高素质新农民。

在国家政策带动下,当地涌现出来很多像王驰一样爱家乡、爱农业、爱学习的青年,他们用热情、真诚和智慧努力拼搏,在乡村振兴的道路上实现着自己"不平凡"的价值!

案例八:发挥六鳌特产的魅力,打造旅游品牌

"欢迎您光临美丽的六鳌半岛!"恰逢周日,"鳌游乡里·翡翠观海海景客栈"又迎来一批远道而来的游客。

提起"鳌游乡里·翡翠观海海景客栈",许多人或许不曾耳闻,但在民宿圈却热度不减,咨询、预订房间的客人几乎每天都有,这让客栈的主人林杰作十分欣喜。

"90 后"青年创业者林杰作是漳浦县六鳌镇新厝村人,曾在西南大学攻读经济学。大学毕业后从事酒店营销和管理工作。"在外漂泊久了,就想返乡创业。"林杰作表示,老家有翡翠湾

和龙美湾等美丽度假景区，又有"六鳌地瓜"和"六鳌紫菜"等地标农产品，经过这几年的大力开发，旅游热度连年上升。"如果能乘着六鳌半岛刮起的这股旅游风，寻找机遇好好干一番，一定会出彩！"林杰作暗自思忖着。

2018年3月，心系家乡的他终于下定决心辞去工作返乡创业，创立了漳浦鳌游旅游开发有限公司。

一开始，林杰作并不急于建设自己的民宿，而是帮助当地民宿主重新规划设计民宿。他发现，六鳌虽有得天独厚的旅游资源，但许多民宿品质低、空房率高、体验差。林杰作利用在酒店工作的经验，开始帮助他们提升房间品质、优化服务、做好推广。

"鳌游乡里·古城花语"民宿就是第一家受益的当地民宿。该民宿坐落在美丽的鳌东村，其主人是"85后"创业者刘静。林杰作结合主人爱花的兴趣，以"花"为主题，对整体形象和室内设计进行重新规划，营造出一种温馨又浪漫的气氛。很快，改造过的"鳌游乡里·古城花语"开始在携程网上"走红"。

"'古城花语'名字富有诗意，在融入现代管理理念后客人很满意，现在我们周末基本上都满房，在网上的名次也向前提了很多。"刘静表示。

林杰作还告诉刘静，要充分发挥六鳌特产的魅力，打造独具特色的旅游品牌，这样才能留住顾客的心。于是，每当有游客订民宿，刘静都会拿出香甜的六鳌地瓜来招待他们，并且顺带当起免费导游，帮游客规划旅游线路，让游客有回家的感觉。

与当地民宿业主合作的成功，让林杰作有了继续走下去的信心。2019年4月，他的第一家直营店"鳌游乡里·翡翠观海海景客栈"正式开业。"2019年国庆节期间20个房间一度爆满！"林杰作表示，客栈的客人平时都能达到30多个，入住率达50%

第九章 农村创新创业典型案例

以上,周末客房经常爆满。

目前,林杰作创办的公司在六鳌已经拥有 1 家直营店,3 家加盟店以及 6 家合作店,共带动家乡 30 多人就业,帮助民宿提升销售额幅度达到 50%~100%。其中,"鳌游乡里·古城花语"等 3 家品牌店皆为携程网的金牌酒店,成为六鳌当地民宿的标杆。

林杰作透露,下一步,公司将计划通过农产品销售,积极解决淡季收益问题,同时,也打算往周边乡村市场发展,帮助更多民宿业主实现增收。

案例九:借力新媒体助农销售土特产

在"三农"政策的鼓舞下,越来越多的年轻人回乡创业。安岳乾隆乡的"80 后"小伙杨涛,便放弃了成都的工作回到家乡,利用新媒体平台宣传家乡风土人情,帮助农民销售农产品,吸引了 30 万粉丝关注。

1. 放弃高薪回乡创业

"这柚子皮薄,果肉大,水分充足,没其他柚子那么甜,口味好!" 11 月 27 日,杨涛背着背包,手拿相机走在通贤镇的大街上,一边直播一边向网友介绍着当地的柚子。

一路上,杨涛看到红薯粉等其他农产品便停下脚步,与当地村民交谈,通过手机直播让更多人了解通贤镇的特色产品。

"今天过来又准备拍些什么呢?"街上,正在售卖农产品的村民看见杨涛纷纷热情地招呼他。

杨涛 2011 年大学毕业后,在成都一广告公司上班,月收入上万。然而,2018 年,他放弃高薪工作,回乡创业,针对"三农"方面的内容做起了新媒体产品。面对家人的不理解,杨涛说:"现在自己创业肯定比上班辛苦,但我想做自己喜欢做的事。"

2. 吸引30万粉丝关注

"回到农村重新开始,寻找初心,想扎根农村。"谈及回到家乡聚焦"三农"做新媒体的初衷,杨涛说,有一次放假回到家,看到街上很多村民卖土鸡蛋、土鸡等绿色农产品,中间商出价低,让村民经济利益受到损害,于是就产生了通过新媒体平台宣传家乡农产品、帮村民销售农产品的想法。

杨涛回乡后,通过"腾讯""今日头条""抖音"等新媒体平台,以直播的方式宣传家乡。每到逢场天,杨涛便带着手机和三脚架,骑着摩托车或搭乘客车,踏上乡镇拍片之旅。后来,他的短视频作品越来越受网友喜爱,关注他的"粉丝"越来越多,短时间内就从几百涨到了上千。如今,他仅在"今日头条"上的"粉丝"就多达30万。"许多在异地他乡的人看到直播后,便询问如何购买视频中出现的红薯粉、皮蛋、柚子、柠檬等安岳土特产。拍的东西得到了很多人的认可,同时帮助家乡的农民把农产品卖出去,这是让我坚持走下去的重要原因。"

3. 帮村民卖出2万斤柚子

目前,正值通贤柚丰收的季节。27日当天,杨涛到武陵村、四方村农户家了解柚子的销售情况。他说,从去年到今年他都在关注柚子的行情,因通贤柚是当地的一个招牌农产品,很多采购商都前来采购。

"当时在街上卖柚子,他说要到家里看看,通过手机直播让更多人来买。"村民刘禄新去年在杨涛的帮助下卖了2万斤(1万千克)柚子,对于杨涛的帮助,他非常感谢:"今年雨水多,柚子产量有所下降,不过现在也已经卖了7 000余元。"

一年多来,杨涛几乎走遍了安岳一半的乡镇。当前他的收入还不及当初，但他并不后悔，"坚持做自己喜欢做的事，让更多人了解安岳农产品和风土人情，这也是作为一个安岳人的一份责任。"

案例十：怀抱理想，返乡创业争做"新农人"

近年来，随着"大众创业、万众创新"的深入推进，一些大学生带着对家乡泥土的记忆，从农村考学出去，又回到农村做起"新农人"。蓬溪县宝梵镇橙丰种植家庭农场农场主唐豪，就是这样一个怀揣"乡村振兴"理想，回到农村、扎根农村、爱上农村的"新农人"。

1. 几经闯荡毅然决定返乡创业

2019年10月17日，在蓬溪县宝梵镇橙丰种植家庭农场柑橘种植基地内，唐豪正在产业园内查看柑橘树生长情况。园区内，近800亩柑橘树和刺梨树在阳光的照射下，显得生机盎然，勾勒出一片美丽的田园美景。"明年，柑橘树就要正式挂果了，中药材刺梨也即将迎来丰收。"看着眼前茁壮成长的果树，唐豪充满希望地说道。

唐豪，1989年出生，中共党员，蓬溪县宝梵镇云盘咀村人，蓬溪县宝梵镇橙丰种植家庭农场农场主，蓬溪县俊昌种植专业合作社负责人。说起自己的经历和农场，唐豪打开了话匣子。"2013年7月大学毕业后，我和其他同学一样，各奔一方参加工作，在大城市打拼，后来却产生了回家乡创业的想法，干吗非得去挤'独木桥'，为何不试试返乡闯出一片属于自己的天地呢？"唐豪说。

2017年，唐豪决定离城返乡发展农业。对此，全家人一致反对。"我是地地道道的农村娃，我要用自己所学的知识帮助乡亲们，这个想法不能变。"唐豪的执念，最终得到了家人的理解和支持。当年，在脱贫攻坚返乡浪潮中，唐豪带着在外打拼的全部积蓄回到家乡，开启了自己的创业旅程。

2. 坚持梦想打造属于自己的生态农场

隔行如隔山，从一直从事的通信工程行业转行到农业产业，唐豪吃了不少苦头。

2017年底，在政府、家人和老乡等多方支持下，唐豪先期流转土地400余亩，并把柑橘、刺梨等水果产业作为发展重点。独自打拼的日子，400余亩果树的照料，从树苗的灌溉、除虫、除草，到公司的执照注册、算账报税，唐豪都亲力亲为。

抱着没有回头路必须坚持下去的信念，唐豪以种植园为家，仔细照料。没有技术就上网查找资料，学习别人的农业种植技术；得知政府有相关培训，便积极参与；多次去成都周边种植基地交流学习。一年下来，原本白净的他变得又黑又瘦。

放弃在外稳定丰厚的收入，回老家扛锄头当农民，唐豪的行为招来了旁人异样的目光。

对此他却有着自己的坚持："我有一个梦想，趁年轻打造属于自己的生态农场，不仅可以让自己的生活得到改善，同时也能给附近的乡亲提供一些就业机会，增加他们的收入。"

经过近两年的发展，唐豪的创业园由最初的400余亩发展到近800亩。产业园内，近8千米的产业道路正在建设中，昔日荒芜的山地也变成了成片的果园。

3. 心怀乡邻产业发展带去脱贫致富新希望

产业的发展，不仅改变了云盘咀村的基础设施面貌，同时也为当地群众脱贫致富带去了新希望。

村民刘邦全就是尝到村里发展产业带来甜头的一员。"村里发展产业后，家里一下子就有了两份收入：一份是土地流转收益,一份是我在产业园的务工管理费。这日子过得越来越有奔头了。"62 岁的刘邦全一边在园区内忙活,一边开心地算着收入账。

跟刘邦全一样领着多份收入的还有 67 岁的贫困户唐长诚。"几年前,我除了在家务农外基本没有额外收入,日子过得非常拮据。"唐长诚说,如今他在产业园打工每天能拿到 50 元务工收入,农忙时一个月能挣到 1 200 元左右。"希望村里的产业越做越好,我们也能多挣些钱。"唐长诚笑着说。

村民的笑容,包含着对大学生回乡创业的支持与拥护,更包含着对脱贫致富、乡村振兴、未来美好生活的憧憬。

"下一步,我将依托产业园区,走种养结合道路,实现集生产、销售、采摘体验、观光旅游于一体的家庭农场。"唐豪信心满满地说。

参考文献

范润梅，2019. 农民创业致富读本［M］. 北京：中国科学技术出版社.

刘凤英，王朝武，傅莉辉，2019. 新型农业经营主体带头人［M］. 北京：中国农业科学技术出版社.

刘富才，陈晓健，2019. 创新创业基础［M］. 长春：东北师范大学出版社.

刘艳霞，刘松叶，2012. 现代农业企业经营与管理基础读本［M］. 北京：科学普及出版社.

刘云海，2015. 新型职业农民创业实务教程［M］. 北京：中国农业出版社.

潘可可，2017. 农类大学生创新创业教程［M］. 北京：中国农业出版社.

王学平，顾新颖，曹祥斌，2016. 新型职业农民创业培训教程［M］. 北京：中国林业出版社.